中华蒙学经典

蒙 求

乔天一 译注

中华书局

目　录

前　言 ……………………………………… 1

《蒙求》正文 ……………………………… 1

前　　言

　　中华民族是个重视历史和传承的民族，华夏五千年文明史，如璀璨星辰的英雄人物及其绚烂华章般的动人事迹往往都被史书或诗文记录下来，成为我们今天看到的典故。这些充满正能量的人物和事迹能够使人振奋，劝人明理，陶冶情操。

　　然而，这些典故分散在各种古籍之中，有的见于经传注疏，有的出自史籍诸子，而有的则散见于诗文篇瀚，想通览这些典故，需要花费大量时间。自汉魏六朝以来，文人写诗作文越来越强调用典，无论是科举应试抑或附庸风雅，典故对文人的价值也越来越大。那么，有没有一种途径，可以让人比较快地掌握这些典故呢？《蒙求》就是应运而生的这样一部启蒙教材。

　　《蒙求》的作者是唐代的李瀚。关于李瀚的生平，现存史书没有什么记载，只知道他大概是中晚唐时期的人，与中唐名相李勉同族。所谓"蒙求"，是取《易经·蒙卦》卦辞中"匪我求童蒙，童蒙求我"这一句的意思。蒙，即蒙昧，儿童蒙昧无知，因此称为"童蒙"。此句说的是在占卜者（"我"）与求卜者（"童蒙"）二人之间，不是前者请求后者来占卜，而是后者请求前者为他占卜；古代易学家将其解释为在师生关系中，是学生向老师求学，而非老师主动要求教导学生。本书采用古人通说，以《蒙求》为名，体现了幼教（蒙学）教材的性质。在现存晚唐人所著的笔记中，能够见到讨论《蒙求》内容的文字。由此可见，大概到晚唐时期，《蒙求》在社会上已经非常流行。

《蒙求》摘取史传轶事编成四言韵语，共五百九十六句，两两对偶，隔句押韵，一般一句一事，也偶有两句一事的，收录了五百多个典故，取材范围涉及《左传》《论语》《孟子》等经籍，《史记》《汉书》《后汉书》《三国志》等正史，《墨子》《庄子》《荀子》《韩非子》等子书，还涉及《文选》《世说新语》《三辅决录》《琴操》等历代名著，内容非常丰富。这些典故涉及从上古到南北朝的名人轶事，如能将其熟记，一方面有助于写诗作文，同时也可以作为日后涉猎经史子集的桥梁。

在内容编排方面，《蒙求》也是很有创意的。不仅在形式上对仗工整，典故之间还存在一些内在联系。一般来说，互相对仗的两个典故之间在内容上都能形成一定的对比，有的是正对（同类典故相排比），有的是反对（相反典故相排比）。前者如"罗含吞鸟，江淹梦笔"都是讲文人做了梦以后才华突飞猛进的故事；"灵辄扶轮，魏颗结草"都是受恩报恩的故事；"蔡裔殒盗，张辽止啼"都是形容人勇猛的故事。后者如"阮放八隽，江泉四凶"是以英才与愚人相对比；"巫马戴星，宓贱弹琴"是以亲力亲为处理政务和任用贤才治理地方相对比；"淮南食时，左思十稔"是以才思敏捷的淮南王刘安与需要苦心构思文章的左思相对比。此外，还有一些典故中的两个人物是有关联的，如"震畏四知，秉去三惑"，杨震与杨秉是父子关系；"恶来多力，飞廉善走"，飞廉和恶来也是父子关系；"胡嫔争樗，晋武伤指"，胡贵嫔（胡芳）是晋武帝的妃子。也有一些典故从情节上看不出太多联系，但字面上能做到两两相对，如"杨仆移关，杜预建桥""公超雾市，鲁般云梯""冯异大树，千秋小车"

之类。

《蒙求》成书后很快就流行开来，有的人为其作注，也有的人仿照其体例，自己编纂新书。其中以"蒙求"为名的，有《历代蒙求》《十七史蒙求》《唐蒙求》《宋蒙求》等。甚至还有非蒙学教材也用"蒙求"体的，如南宋人周守忠所著《历代名医蒙求》就是一部医学著作。至于不用"蒙求"一名的《蒙求》体著作中，最著名的则是明代萧良有纂辑、明末清初杨臣诤增订的《龙文鞭影》，后来还有清代人李晖吉、徐瓒续编的《龙文鞭影二集》。

当然，《蒙求》也存在某些瑕疵。首先是书中存在宣扬愚忠愚孝、封建迷信的文字，这些内容早已被时代所扬弃。其次，本书为求简明，将部分主人公已无可考证的故事归结于相关人物的名下，如"毛子白龟"实是晋将毛宝部下军人的事迹，本书归于毛宝，"魏颗结草"是魏颗所救女子父亲的事迹，本书归于魏颗。虽有不得已的因素，但终究影响了内容的真实性。本次整理注释时，对这些白璧微瑕之处尽量作了解释，以利读者理解。

本书原本无注，后来由宋人徐子光等做了一些注解工作，较为简明扼要，但仍然存在一定的问题，如注释典故时不太重视核实出处，又如对有些人的生平事迹概括有误，还有的注文看似清晰，但根据其给出的线索去寻找典故出处，却无所着落。因此本次整理时对正文重新进行注释，典故的解说也力求简明，不作品评和褒贬。如前所述，本书中不可避免地带有封建迷信色彩，相信读者有足够的辨别能力，无需刻意指出。如有不当之处，敬希各位读者指正。

《蒙求》正文

wúng róng jiǎn yào　　péi kǎi qīng tōng
王 戎 简 要， 裴 楷 清 通。

【典故】

王戎简要，裴楷清通：《世说新语·赏誉》记载：西晋大臣王戎、裴楷少年时一起去拜访朝臣钟会。事后有人问钟会："刚才那两个孩子怎么样？"钟会说："裴楷内心清明，外表通达（清通）；王戎懂得礼法大要而行事简约（简要）。"

kǒng míng wò lóng　　lǚ wàng fēi xióng
孔 明 卧 龙， 吕 望 非 熊。

【典故】

孔明卧龙："卧龙"，比喻隐居或未崭露头角的杰出人才。《三国志·蜀书·诸葛亮传》记载：刘备寄居荆州时，谋士徐庶向刘备推荐诸葛亮（字孔明，三国时期蜀汉政治家、军事家），说："诸葛孔明是卧龙一样的人物，将军愿意和他见见面吗？"于是刘备连续三次亲自登门拜访诸葛亮，终于打动了他。诸葛亮因此出山，辅佐刘备建立了蜀汉政权。

吕望非熊：吕望，姜姓，名尚，字子牙，其祖先被封吕地，所以他又以吕为氏，称吕尚，世称"姜子牙"，商末周初著名的政治家、谋略家。《史记·齐太公世家》记载：周文王在打猎前曾占卜吉凶，卜辞说："获得的猎物不是龙也不是螭（chī，指无角的龙），不是熊也不是罴（pí，即棕熊），是能够辅佐你建立霸王之业的人。"文王在渭水北岸遇到吕尚，与他交谈后说："我的祖父太公曾预言将有贤人到周地来，周因此而兴盛，这个贤人就是指您吧？太公盼望您已经很久了。"于是敬称吕尚为"太公望"，又称吕望，俗称"姜太公"，任命其为主管军事的太师。

福建莆田广化寺放生池中的螭首
螭，或称螭首，传说为龙的九子之一，嘴大，肚子能容纳很多水，在建筑中多用于排水口的装饰，称为"螭首散水"。

yáng zhèn guān xī　　dīng kuān yì dōng

杨 震 关 西 ， 丁 宽 《 易 》 东 。

【典故】

杨震关西：《后汉书·杨震列传》记载：东汉大臣杨震（字伯起）读过很多书，尤其精通经义，讲课授徒达三千多人。因其家住弘农郡华阴县（今陕西华阴），地处函谷关（在今河南）以西，所以人们都称他为"关西孔子杨伯起"，以此赞美他的博学。

丁宽《易》东：《汉书·儒林传》记载：西汉学者丁宽在《易》学大师田何门下学习。学成之后，田何让丁宽返回故乡，并对其他门生说："《易》学的精髓已经被丁宽带到东方去了。"田何住在关中的杜陵（今陕西西安南郊），丁宽是梁（今河南商丘）人，家乡在关中以东，所以田何这样说。

xiè ān gāo jié　　wáng dǎo gōng zhōng

谢安高洁， 王导公忠。

【典故】

谢安高洁：谢安，东晋著名的政治家，曾指挥历史上著名的淝水之战，击败前秦的进攻，为东晋政权的稳固做出重要贡献。《晋书·谢安传》记载谢安年轻的时候，志向高洁，淡泊名利，朝廷多次征召他进京为官，他却不为高官厚禄所诱惑，多次辞谢，直到四十多岁才出仕为官。

王导公忠：《晋书·王导传》记载：东晋大臣王导先后辅佐元帝、明帝、成帝，执政公平，忠于皇室。元帝刚到扬州时，任用了很多亲信。王导规劝元帝要公平选拔人才、礼遇南方名士。王导的堂兄王敦两次作乱，先后图谋废黜（chù）元帝、明帝，王导不肯与其同谋，帮助朝廷消灭了王敦。后世认为王导的功绩可以与管仲、诸葛亮等名臣相提并论。

kuāng héng záo bì　　sūn jìng bì hù

匡衡凿壁， 孙敬闭户。

【典故】

匡衡凿壁：《西京杂记》记载：西汉学者匡衡年轻时家贫，他又好学，买不起灯油和蜡烛，邻家有蜡烛，但又无法借用，于是就在和邻家相接的墙壁上凿了一个洞，借着从洞中透过来的光读书。正是如此勤奋苦读，匡衡才得以成为当时著名的儒学大师，最终官至宰相。

孙敬闭户：《楚国先贤传》记载：东汉学者孙敬为人勤奋好学，

经常闭门谢客，在家中苦读，为防困倦瞌睡，就用绳子将自己的头发系在房梁上，人称"闭户先生"。

zhì dū cāng yīng　　nìng chéng rǔ hǔ
郅都苍鹰，宁成乳虎。

【典故】

郅都苍鹰：《史记·酷吏列传》记载：汉景帝时，河东大阳（今山西平陆）人郅都被任命为中尉，负责京城治安。由于他为官清廉，执法严厉，不因犯罪者是皇亲国戚而有所宽容，所以被起了一个绰号叫"苍鹰"。

宁成乳虎："乳虎"指处于育儿期的母虎，此时的母虎为了保护幼虎，会变得异常凶猛。《史记·酷吏列传》记载：汉武帝任命宁成做函谷关的都尉，负责守卫函谷关，并监察从关口经过的人。宁成执法严格，关东的官员、皂隶（古代衙门里的差役）以及百姓出入函谷关时，都说："宁可遇见乳虎，也不要碰上宁成发怒。"

位于河南新安县城东的汉函谷关遗址
函谷关是中国古代重要的关隘之一，始建于汉武帝元鼎三年（前114），是古代丝绸之路东起点的第一道门户。关前有天然屏障八陡山，是著名的古战场遗址。唐代诗人王昌龄的著名诗句"秦时明月汉时关，万里长征人未还"中的"汉时关"即为此地。

zhōu sōng láng kàng　　liáng jì bá hù

周 嵩 狼 抗 ， 梁 冀 跋 扈 。

【典故】

周嵩狼抗："狼抗"指狼后脚站立，上身前倾，张扬凶狠的样子。用来比喻人桀骜不驯、刚直不屈。《世说新语·识鉴》记载：东晋初年，周嵩和哥哥周𫖮（yǐ）、弟弟周谟（mó）同在朝廷任职。除夕家人团聚时，母亲说："你们都能在我身边侍奉，我还有什么可担忧的呢?"周嵩跪在母亲面前，哭着说："哥哥志向远大但缺乏实干才能，名声高却见识短浅，这不是自保之道；我性情桀骜不驯、刚直不屈，也很难在当下的世道中生活下去；只有弟弟庸庸碌碌，应该能长久侍奉您吧。"后来周𫖮、周嵩果然先后被权臣王敦杀害。

梁冀跋扈："跋扈"指专横暴戾。《后汉书·梁统列传附梁冀传》记载：梁冀是汉顺帝皇后的哥哥，官至大将军。汉顺帝死后，继位的汉冲帝很快也去世了，梁冀又立了汉质帝。质帝当时才八岁，但很聪慧，对梁冀的专权非常不满。一次群臣朝见质帝，质帝看着梁冀说："这是位跋扈将军呀。"梁冀怀恨在心，当晚就派人在质帝吃的煮饼里下了毒药，把质帝毒死了，另立刘志为帝。从此，梁冀更是权倾朝野。后梁冀被恒帝刘志设谋逼死。

xī chāo rán cān　　wáng xún duǎn bù

郗 超 髯 参 ， 王 珣 短 簿 。

【典故】

郗超髯参，王珣短簿：《世说新语·宠礼》记载：东晋时，郗超在桓温部下任记室参军，胡须浓密；王珣是桓温的主簿，个子不高。两人都是桓温的得力谋士，又深受桓温信任，于是有人编出顺口溜来，说："大胡子参军，矮个子主簿，能让桓公高兴，也能让桓公发怒。"

fú bō biāo zhù　　bó wàng xún hé
伏 波 标 柱 ， 博 望 寻 河 。

【典故】

伏波标柱：《南史·夷貊（mò，野兽名，古人用作对少数民族的蔑称）传》记载：东汉初，交趾郡（今越南北部）徵侧、徵贰聚众叛乱，伏波将军马援率军镇压后，在那里树立了两根铜柱，作为汉朝的边界。

博望寻河：博望，即西汉博望侯张骞。《汉书·张骞传》记载：张骞曾多次受命出使西域，行迹遍布西域各国，行程之远，已经超过了黄河的源头。"寻河"指寻找黄河的源头，形容他所经过的地方极远。

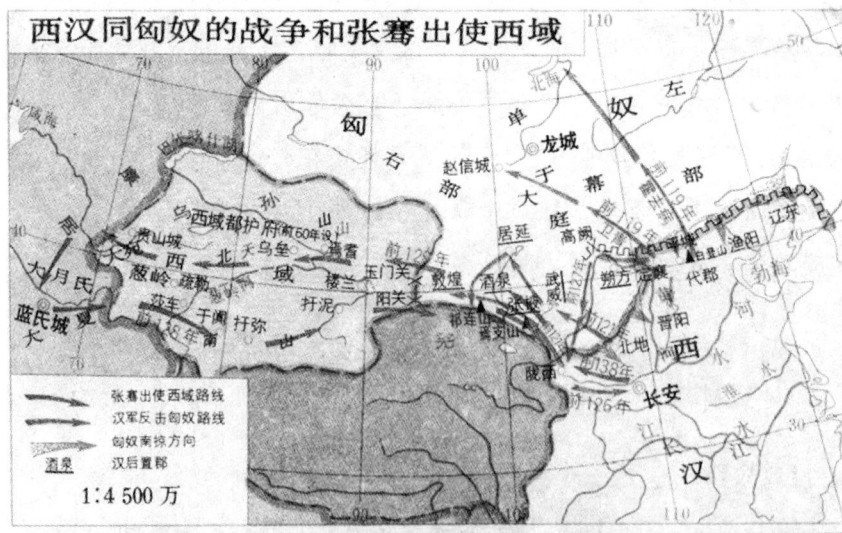

西汉同匈奴的战争和张骞出使西域

lǐ líng chū shī   tián héng gǎn gē
李陵初诗，田横感歌。

【典故】

李陵初诗：汉武帝时，李陵奉命率兵五千抵挡匈奴八万大军，因寡不敌众兵败被俘投降。此前一年，苏武出使匈奴，遭到扣押。汉昭帝即位后，汉朝与匈奴和亲，关系改善，苏武得以南归汉朝。传说临别之际，李陵作五言诗三首为苏武送行。

田横感歌：田横，战国齐国宗室贵族，后反秦成为农民起义军的首领，因不愿臣服刘邦，自杀身亡。《古今注》记载：田横自杀后，门客非常哀伤，于是创作了歌曲来哀悼他。歌曲的上章哀叹人的生命如同薤（xiè，草名）叶上的露水一样短暂易逝，下章咏唱人死后灵魂将回归野草之中。后来汉代歌唱家李延年把这首歌曲分成两首，分别起名为《薤露》和《蒿里》，让送葬的人唱。

wǔ zhòng bù xiū   shì héng huàn duō
武仲不休，士衡患多。

【典故】

武仲不休：《典论·论文》记载：东汉文学家傅毅（字武仲）和班固的写作水平相差不远，但班固很看不起傅毅，曾经写信给弟弟班超说："傅毅因为会写文章，做了兰台令史，可是这个人一动笔就停不下来。"以此讥讽傅毅的文章冗长浮漫。

士衡患多：《晋书·陆机传》记载：陆机（字士衡）很有文学天赋，写出来的文章辞藻华丽，气势宏大。西晋的官员、文学家张华很赏识陆机，曾对他说："别人写文章，怕的是才思不够用，你却担心才思太多，无法一一表现出来。"

huán tán fēi chèn　　wáng shāng zhǐ é
桓谭非谶， 王 商 止 讹。

【典故】

桓谭非谶：谶，是古代巫师、方士针对政治形势编造的能预测吉凶的隐语。《后汉书·桓谭列传》记载：汉光武帝刘秀非常迷信谶语，曾想借助谶语来决定灵台的建筑位置，于是征询名儒桓谭的意见。桓谭对谶语十分反感，当场宣称自己不读谶语，并指出谶语有不合经义之处。刘秀大怒，说桓谭非议圣人，险些将桓谭处死。

王商止讹：止讹，制止谣言的传播。《汉书·王商传》记载：汉成帝时，京师谣传将要有洪水冲向都城，官民都很紧张。大将军王凤希望太后和皇帝上船躲避，让京师百姓和官员都到城上去躲避洪水。王商说："这一定是谣言，不应该以此给百姓制造恐慌。"过了一段时间，洪水果真没有来，谣言不攻自破，京师也就安定下来了。

jī lǚ mìng jià　　chéng kǒng qīng gài
嵇吕命驾， 程 孔 倾 盖。

【典故】

嵇吕命驾："命驾"，命人驾车，这里指动身出发。《世说新语·简傲》记载：曹魏末年的两位名士吕安和嵇康是很好的朋友。两人一旦想念对方，哪怕相隔千里也一定要前往探望。

程孔倾盖：倾盖，古代马车上张有车盖，形状和功能类似遮阳伞。两辆车挨得很近时，车盖相挤，就会出现一定的倾斜。后世用"倾盖如故"形容两人刚结识就像老朋友一样亲密。《韩诗外传》记载：孔子周游列国，在郯（tán）地遇到了齐人程本子。两人把所乘的车并在一起，整整谈了一天。孔子对弟子子路（仲氏，名由，子路是他的字）说："仲由啊，拿十匹帛来送给先生。"子路不说话，孔子又说了一遍，子路反驳道："我听您说过，士人不通过介绍就相见，女子没有媒人就出嫁，都不是君子所应做的。"孔子说："仲由呀，你太死板了。程先生是当今的贤人，如果在这里不送他一些礼物，以后可能没有机会再见面了。做事不能越过大的原则界限，但小节上可以稍微有些出入。"

汉画像石《车马出行宴乐图》

这组"车马出行宴乐图"画像石，1953年出土于成都羊子山汉墓，由西南博物院（重庆市博物馆前身）收藏。艺术手法形象生动、洗炼传神，在中国美术史上占有重要地位，是汉代画像石中重要代表作之一。图中马车上类似遮阳伞的即为车盖。

jù mèng yī dí　　zhōu chù sān hài
剧孟一敌，周处三害。

【典故】

剧孟一敌：一敌，"得一敌国"的简称，"敌国"不是敌对的国家，而是与自己势均力敌的国家，如"富可敌国"，就是指个人的财产与国家的财富相当。《史记·游侠列传》记载：西汉时，洛阳（今河南洛阳）有个叫剧孟的人，以讲义气、能替人排忧解难闻名于天下。汉景帝时，吴楚等诸侯国造反，条侯周亚夫奉命征讨叛军。周亚夫在洛阳一带找到了剧孟，他高兴地说："吴楚造反而不寻求剧孟的帮助，我就知道他们成不了什么气候。"意思是说天下骚乱的时候，大将军能获得剧孟的协助，与得到一个势均力敌的国家的援助效果是一样的。

周处三害：《晋书·周处传》记载：周处年轻时在家乡胡作非为，同乡把他和南山的猛虎、北海的蛟龙合称为"三害"。后来他杀虎斩蛟，并在陆机、陆云的点化下，痛改前非，为家乡除去了"三害"。

hú guǎng bǔ quē　　yuán ān yǐ lài

胡 广 补 阙， 袁 安 倚 赖。

【典故】

胡广补阙：阙，漏洞。胡广是东汉末年名臣，字伯始，历事安帝、顺帝、冲帝、质帝、桓帝、灵帝，为官三十多年，可谓六朝元老。《后汉书·胡广列传》记载：东汉大臣胡广为人温和宽厚，熟悉典章制度，又擅长政务，虽然没有直言犯上的勇气，但经常能弥补朝廷办事的缺漏。朝野传言："什么事不会处理，都可以请教伯始；天下最懂得中庸之道的，就是这位胡公。"

袁安倚赖：袁安是东汉名臣，为人忠正刚直，每到一个地方做官，百姓对他都非常敬服。《后汉书·袁安列传》记载：汉末皇室衰微，外戚专权，臣强主弱，群臣敢怒不敢言，唯独袁安常常挺身而出，与外戚作斗争。皇帝和其他大臣都将袁安视为朝廷的依靠。

huáng bà zhèng shū　　liáng xí zhì zuì
黄 霸 政 殊， 梁 习 治 最。

【典故】

黄霸政殊：黄霸是西汉名臣，官至宰相。《汉书·循吏传》记载：黄霸性情温和，富于才智，治理地方时奉行宽和为本的政策，奖励耕织，大力发展教育，百姓都安居乐业，物阜民丰，皇帝为表彰他卓越的政绩曾经赐给他黄金百斤。

梁习治最：梁习是三国时期魏国著名的贤臣，《三国志·魏书·梁习传》记载，说他被任命为并州刺史后，将豪强大族或荐举为官，或征发到军队，平息了并州的混乱局面，又鼓励百姓从事农业生产，使民生有所保障。当地父老都说所见过的朝廷刺史没有一个能比得上梁习的，他的政绩被公认为天下最好的。

mò zǐ bēi sī　　yáng zhū qì qí
墨 子 悲 丝， 杨 朱 泣 歧。

【典故】

墨子悲丝：《墨子·所染》记载：墨子看见别人在染丝，叹息道："把丝放到青色染料里就能染成青色，放到黄色染料里就能染出黄色，经过五种颜色的染缸，就能染成五种颜色，所以给丝染色是一定要谨慎的。不仅染丝是这个样子，治国也有'沾染'的问题啊。商汤受到伊尹的熏陶，得以一统天下；商纣（zhòu）王从奸佞小人那里沾染到不好的东西，导致身死国亡，被天下人耻笑。"

杨朱泣歧：杨朱是战国时期的哲学家，反对儒墨思想，主张贵生、重己。《淮南子》记载：杨朱见到十字路口，就不由自主地哭了起来。这是因为他觉得从十字路口出发，可以往南走，也可以往北走，出发点虽然一致，发展却大不相同。错走半步，觉悟时已经差之千里了。后常引作对世道崎岖、担心误入歧途的忧虑。

zhū bó wū jí　　xiāo zhī zhì suí
朱博乌集，萧芝雉随。

【典故】

朱博乌集：朱博是西汉的一员干吏（本指古代一种地位低下的官吏。又泛指负责具体事务或办事老练的官吏），曾被封为阳乡侯。《汉书·朱博传》记载了这样一个故事：西汉初期，中央设置有丞相、太尉、御史大夫三个职位，彼此有明确的职责分工。当时御史大夫府中有一片柏树林，经常有几千只乌鸦在树上栖息，每天白天飞出去找食物，晚上又飞回来，被称为"朝夕乌"。西汉后期，朝廷改御史大夫一职为大司空，与大司徒（丞相）、大司马（太尉）并称"三公"，官阶相同但职责分工不清，不利于治国。此后御史府的

清代雍正年间制珐琅彩雉鸡牡丹笔筒

井水枯竭、有两个多月没见到乌鸦回来，民间的老人都觉得很奇怪。朱博担任大司空以后，进谏认为御史大夫的职位非常重要，国家的典章制度更不能随意更改，并自愿降任御史大夫。

萧芝雉随：萧芝，汉朝有名的孝子，萧何的十五代孙。雉：鸟名，俗称野鸡。据《孝子传》记载：萧芝对父母非常孝顺。后来他被任命为尚书郎，经常有数十只雉鸟在他

身边饮食居住。他出门上朝的时候，雉群送他到路口；他散朝回到家，雉群就在他身旁边飞边叫。当时人认为这是上天因萧芝的孝行产生的特殊感应。

dù hòu shēng chǐ　　líng wáng chū zī
杜 后 生 齿 ， 灵 王 出 髭 。

【典故】

杜后生齿：杜后，晋成帝的皇后。据《晋书·后妃传》记载杜后小时候容貌非常漂亮，但到了该结婚的年龄还没有长出牙齿，来她家求婚的人一听说她没有牙齿就打消了求婚的念头。后来皇帝选定她做皇后，在纳聘的那天晚上，牙齿忽然全长了出来。

灵王出髭：灵王，指周灵王。髭，嘴唇上方的胡须。《左传·昭公二十六年》记载周定王六年，秦国民间盛行传言说："周王朝将会有一位生下来就长有胡须的天子，他恪尽职守，哪个诸侯不尊敬他必将受到上天惩罚。"后来果然生下一位嘴上长有胡须的王子，大家都认为这是很神奇的事情，故而当他去世后给了他"灵王"的谥（shì）号。

jiǎ yì jì fú　　zhuāng zhōu wèi xī
贾 谊 忌 鵩 ， 庄 周 畏 牺 。

【典故】

贾谊忌鵩：贾谊是汉初杰出的政治家、文学家。鵩长得像猫头鹰，古人认为是一种不祥之鸟。《史记·屈原贾生列传》记载：贾谊被贬到长沙的第三年，有一只鵩飞进贾谊的住处，停在坐席的一角上。贾谊当时在政治上很不得志，又不适应长沙的气候，联系到鵩无故飞来的景象，觉得自己的寿命不会太久了，就写了一篇《鵩鸟

《赋》来抒发自己的忧愁。

庄周畏牺：牺，古代祭祀用的牲畜。《史记·老子韩非列传》记载：战国时，楚威王听说庄周是个贤能的人，就派使者去聘请他做丞相。庄周认为请他做官等于把他当作祭祀用的牲畜来养，对使者说："你没见过祭神的牛吗？喂养几年以后，就给它披上锦绣，送进宗庙宰杀以供祭祀，到这个时候，再想做一头自由游荡的普通牛都不可能了。你赶快回去吧，不要污辱我的人格。我宁愿在水沟中游戏，也不愿被国君束缚住。"

yàn zhāo zhù tái   zhèng zhuāng zhì yì

燕 昭 筑 台， 郑 庄 置 驿。

【典故】

燕昭筑台：燕昭即燕昭王，相传他为了延揽天下英才，在易水边上建筑"黄金台"，台上放置千两黄金，以示自己对人才的礼遇。《战国策·燕策》记载燕昭王为延揽英才，听从郭隗（wěi）的主意，为他改建住处，并把郭隗当成老师来对待。燕昭王礼遇贤人的名声传开后，乐毅、邹衍、剧辛等一大批贤才名士都到燕国来投奔燕昭王了。

郑庄置驿：《史记·汲郑列传》记载：西汉郑当时（字庄）交际非常广，无论贵贱都能以礼相待。做太子舍人的时候，每逢五日一次的洗头沐浴假，都在长安郊外放置驿马，接送慰问故人老臣，与宾客来往，有时甚至夜以继日，通宵达旦，直到第二天天亮，还担心有疏漏。

位于河北怀来始建于元代的古驿站——鸡鸣驿

　　明清时期，鸡鸣驿是北京通往西北地区的重要中转站。鸡鸣驿城内保存有驿丞署、把总署、驿馆等遗迹，是中国迄今为止发现的保存最完整、建筑规模最大、邮驿功能最齐全的古驿站。

guàn jìng èr miào　　yuè zhàn lián bì

瓘　靖　二　妙　，　岳　湛　连　璧　。

【典故】

　　瓘靖二妙："瓘靖"指西晋的卫瓘和索靖。《晋书·卫瓘传》记载：卫瓘和敦煌人索靖都擅长草书，又都在尚书台任职，被合称为"一台二妙"。汉末张芝擅长草书，世称"草圣"，有人评论卫瓘的书法深得张芝草书的精神，索靖的书法得到张芝草书的

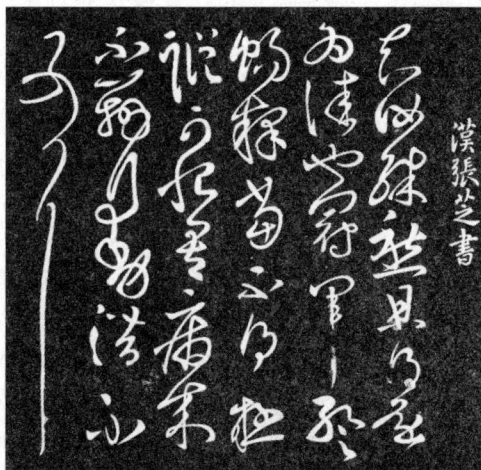

张芝草书《冠军帖》(局部)

形貌。

岳湛连璧：岳湛，指西晋的潘岳和夏侯湛，二人在当时既是才子又是美男子。《晋书·夏侯湛传》记载：夏侯湛与潘岳之间友谊深厚，两人出门经常坐同一辆车，在室内常坐在同一张席子上，又因长相俊美，于是人们都称他们为"连璧"，意为"连在一起的美玉"。

xì shēn yī zhī　　dài píng chóng xí

郤诜一枝，戴凭重席。

【典故】

郤诜一枝："郤诜"西晋时的贤臣，博学多才。《晋书·郤诜传》记载：郤诜被任命为雍州刺史，晋武帝在东堂设宴为他送行，酒席上问郤诜道："你认为自己的才能如何啊？"郤诜说："我参加贤良对策考试，获得第一名，就像是桂树林中的一枝香木，昆仑山上的一片美玉。"武帝大笑。侍中弹劾郤诜夸大其辞，应该免除他的官职。武帝说："我和郤诜是在开玩笑，无须惊怪。"

戴凭重席：《后汉书·儒林列传》记载：汉光武帝时，戴凭被任命为侍中，他对经史非常熟悉。有一年，在正月初一的朝会上，光武帝让群臣辩论经义，互相问难，说的不合义理的，就要把坐席交给把他驳倒的人。那一天，戴凭的坐席累加到五十多层，京师人夸赞道："解经不穷戴侍中。"

zōu yáng cháng jū　　wáng fú féng yè

邹阳长裾，王符逢掖。

【典故】

邹阳长裾："裾"指衣服的大襟，"长裾"是古代儒士及有身份的人穿的衣服。《汉书·邹阳传》记载：西汉景帝时，吴王图谋造反，邹阳上书劝谏。为表现自己的诚意，邹阳在上书中写道："如果我用尽才智来出谋划策，有哪个诸侯国不会任用我呢；如果我肯虚伪一些，想要穿着长衣出入某位诸侯王的宫门又有什么难的呢？我远离家乡来到千里之外的吴

湖南长沙马王堆 1 号汉墓出土的直裾素纱单衣

国，不是因为讨厌故土而喜欢吴地的百姓，而是向往您的道义。请您不要忽视我的进谏，仔细审察我所说的话。"

　　王符逢掖：逢掖，古代读书人穿的一种衣袖宽大的衣服，用来代指读书人。《后汉书·王符列传》记载：隐士王符与东汉名将皇甫规是同乡。皇甫规卸任回家，有个曾买了高级官位的人来拜访他，皇甫规对他很不屑。等到王符前来拜访时，皇甫规急忙出迎，连衣带都来不及系上，鞋也没有完全穿好。见面之后，皇甫规拉着王符的手，一同回到屋里，坐在一起，相处非常愉快。当时人们谈论这件事说："拿着两千石朝廷俸禄的高官还不如一个穿大袖衣服的读书人。"

míng hè rì xià　　shì lóng yún jiān
鸣 鹤 日 下， 士 龙 云 间 。

　　【典故】

　　鸣鹤日下，士龙云间：鹤，西晋人荀隐的字。日下，古时以帝王比日，所以称皇帝所在的地方为"日下"，"日下"也就成了京城

的别称。士龙，西晋人陆云的字。

《世说新语·排调》记载：荀隐和陆云在大臣张华家中初次相识。张华说："二位可以试着交谈一番。你们都是有大才的人，就不要说平常的应酬话了。"于是陆云对荀隐拱手道："云间陆士龙。"荀隐回答道："日下荀鸣鹤。"正好与其相对。《易经》有"云从龙"的句子，所以陆云在问答中把"云间"和"龙"扣合起来。陆云说："既然拨开青云看到一只白雉，为什么不射下来呀？"荀隐回答道："本以为是条龙，不想是山鹿、野麋（mí），野兽弱小而弓箭强力，所以没急着射。"张华对两人的问答非常赞赏，拍着手大笑起来。

jìn xuān láng gù 　　hàn zǔ lóng yán
晋 宣 狼 顾， 汉 祖 龙 颜 。

【典故】

晋宣狼顾：晋宣指司马懿。其子司马昭称帝追封他为晋王，其孙司马炎称帝后追尊他为高祖宣皇帝，因此司马懿又称晋高祖、晋宣帝。狼顾，像狼一样回头看，据说"狼顾"之人阴险狡诈、常有反叛之心。《晋书·宣帝纪》记载：晋宣帝司马懿在曹操身边时，曹操感觉司马懿有野心，又听说他有"狼顾"之相，就想试探一下。于是曹操将司马懿叫来，让他往前走，又突然叫他回头看，司马懿扭头回看时，果然身子仍旧向正前方，没有任何扭动，与狼回头的样子非常相似。

汉祖龙颜：龙颜，指额头如龙的额头一样长得很高，据说龙颜是帝王之相，后用"龙颜"代指皇帝，如"龙颜大怒"。《史记·高祖本纪》记载：汉高祖刘邦的长相非常有特点，高鼻梁，高额头，胡须长而漂亮，左腿上有七十二颗黑痣。古人认为这些相貌特点预示刘邦有不凡之处。

bào jìng jì jǐng　　yáng hù shí huán
鲍 靓 记 井 ， 羊 祜 识 环 。

【典故】

鲍靓记井：鲍靓，东晋人，官至南海太守。《晋书·艺术传·鲍靓传》记载：东海（今江苏连云港）人鲍靓五岁时，对父母说："我原本是曲阳（今河北曲阳）李家的孩子，九岁时掉到井里淹死了。"父母按照他说的，到曲阳找到了李家，询问后发现情况和鲍靓所说的完全符合。

羊祜识环：羊祜，西晋军事家、政治家。《晋书·羊祜传》记载：羊祜五岁时，忽然向乳母索要平时玩的金环。乳母说："你没有这个玩具呀。"羊祜就到东邻李家的园子里去，从一棵桑树的树洞中拿出一个金环。李家的人非常惊讶，说："这个金环是我死去的儿子丢失的，你怎么能拿走呢？"乳母把羊祜的话复述了一遍。于是大家都说羊祜是李家的儿子转世。

zhòng róng qīng yún　　shū yè yù shān
仲 容 青 云 ， 叔 夜 玉 山 。

【典故】

仲容青云：西晋名士阮咸（字仲容）精通音律，善弹琵琶，为人不拘小节。刘宋诗人颜延之在《五君咏·阮始平（阮咸曾任始平太守，故尊其为阮始平）》中称赞他道："仲容青云器，实禀生民秀。"青云，寓意高远，暗指阮咸器量过人，是出色的英才。

叔夜玉山：《世说新语·容止》记载：嵇康（字叔夜）身高七尺八寸，风姿出众。他的朋友山涛说：嵇叔夜这个人的风采，平日高峻得像是一棵孤松，挺立在群山之上；当他喝醉酒的时候，略显倾颓，又像是玉山将倒未倒一样。

máo yì pěng xí　　zǐ lù fù mǐ
毛 义 捧 檄 ， 子 路 负 米 。

【典故】

毛义捧檄：毛义，汉末孝子。《后汉书·刘赵淳于江刘周赵列传序》记载：毛义以孝行著称。张奉慕名去拜访他，恰逢上级送来公文，任命毛义代理县令。毛义非常欣喜，恭敬地捧着文书回到内室。张奉因此觉得毛义贪图富贵，对他有些轻视。等到母亲去世后，毛义离职守孝，受到举荐也不肯出来做官了。张奉叹息道："贤能的人真是不可以估量！原来从前毛义那么高兴，是因为做官可以挣俸禄养活母亲啊。"

子路负米：子路，即孔子的学生仲由。《孔子家语》记载子路说过的一段话："背着重东西走远路的人，休息时不能挑剔地方；家里穷困、父母年老的人，有做官机会时不会计较官职。父母在世的时候，我吃野菜，到百里之外背米给父母做饭。父母去世后，我在楚国做了高官，享受富贵的生活，可是再想为父母去背米做饭、自己吃野菜，也不可能了。"

jiāng gé zhōng xiào　　wáng lǎn yǒu tì
江 革 忠 孝 ， 王 览 友 弟 。

【典故】

江革忠孝：《梁书·江革传》记载东汉贤臣江革的故事，他少年丧父，战乱中背着母亲逃难，靠给人打零工养活母亲，当官后怕官府给的牛车过于颠簸，母亲受不了，亲自拉车载着母亲回乡，被时人称为"巨孝"。后来在战争中被北魏俘获，北魏官员元延明要求江革撰写寺庙的碑文及彭祖祭文，江革坚决不肯写。元延明再三威逼，甚至想要用棍棒打他，江革仍不为所动。元延明无奈之下，不再逼迫江革，每天只给他三升糙米维持生命。过了--段时间，江革被释放回梁，梁武帝非常赞赏他的忠义，任命他为太尉长史。

王览友弟：弟，通"悌"，意为敬爱兄长。《晋书·王览传》记载：王览母亲朱氏经常殴打同父异母的哥哥王祥，幼小的王览用身体遮挡住哥哥，哀求母亲不要虐待哥哥。朱氏又指派王祥做苦工，王览就帮着哥哥一起劳作。王祥后来在乡里有了名望，朱氏又开始嫉恨他，想要用毒酒害死王祥，王览知道后，自己先上前倒了一杯要喝，朱氏害怕了，连忙把酒抢过来倒掉。从此以后，每当朱氏给王祥送去食物，王览都要先尝一下，朱氏怕毒害到自己的儿子，就不敢再在食物中做手脚了。王览也因此被古人视为能和兄长互相友爱的典型。

xiāo hé dìng lǜ　　shū sūn zhì lǐ

萧 何 定 律 ， 叔 孙 制 礼 。

【典故】

萧何定律：萧何，汉初名相。《汉书·刑法志》记载：汉高祖刘邦攻克关中以后，废除秦朝的严刑酷法，与百姓订约："杀人的要处死，伤人和偷盗的要依法定罪。"后来由于社会环境不够稳定，仅靠以上约定不足以制止犯罪，于是萧何参考秦朝的法律，从中选取适合当前需要的条目，制定了汉朝的法律，共有九章，对稳固西汉政权起到了重要的作用。

叔孙制礼：《史记·叔孙通传》记载：刘邦即位称帝后废除秦朝

的礼仪制度，礼节极为简易，群臣在刘邦面前常常粗野无礼。儒生叔孙通看出刘邦对这种混乱局面的反感，就向刘邦提出制定一套新的礼仪制度。得到批准后，叔孙通召集全国的著名儒生，一起讨论制定了汉朝的礼法。群臣有了必须遵循的礼法，之前的乱象也就随之消失了。

gě fēng cì jǔ　　xī gōng lì dǐ
葛丰刺举，息躬历诋。

【典故】

葛丰刺举：葛丰，指西汉光禄大夫诸葛丰。刺举，指侦查揭发。《汉书·诸葛丰传》记载：诸葛丰被汉元帝提拔为司隶校尉，专门负责纠察高级官员和京城周边地区的豪强、官吏。由于他不怕得罪人，对于触犯法令的权贵毫不纵容，当时京师人就编出顺口溜来说："怎么好久不见你了呀？是因为碰见诸葛丰了吧。"

息躬历诋：息躬，指西汉名臣息夫躬。《汉书·息夫躬传》记载：息夫躬常在见皇帝时说其他大臣的坏话，言辞直率，几乎所有公卿重臣全都遭到过他的批评，朝臣都对他又怕又恨。后来息夫躬在朝廷中的靠山倒台，丞相和御史大夫一起向皇帝上疏，指责他的罪过，于是皇帝免除了息夫躬的官职。息夫躬最终死在狱中。

guǎn níng gē xí　　hé qiáo zhuān chē
管宁割席，和峤专车。

【典故】

管宁割席：管宁，汉末魏初人，有奇才大志，品格高洁，朝廷多次征召他出来做官都不肯。《世说新语·德行》记载：管宁与华歆一同锄草，挖到一块金子，管宁就像挖到土块一样毫不在意，华歆则拿在手里看了一番才扔掉。两人一同读书，有官员的仪仗路过门口，管宁依然专心读书，华歆则放下书跑出去看。经过这些事后，管宁觉得两人志向不同，就把所坐的席子割开，对华歆说："你不再是我的朋友。"

和峤专车：和峤，西晋大臣，操守高洁。《世说新语·方正》记载：西晋初年，和峤担任中书令，荀勖（xù）做中书监，两人同朝做官。按照旧制，中书监和中书令入朝时应该同坐一辆车。但是，和峤性格正直，荀勖则经常奉承晋武帝，因此和峤很看不起荀勖。每当两人同车时，和峤总是自己独占座位，迫使荀勖必须另找一辆车入朝。中书监和中书令分乘两辆车，就是从和峤和荀勖开始的。

shí miáo liú dú　　yáng xù xuán yú

时 苗 留 犊， 羊 续 悬 鱼。

【典故】

时苗留犊：时苗是三国时期魏国的清官。《三国志》裴松之注引《魏略·清介传》记载：时苗做寿春县县令时，用一头母牛驾车，过了一年多，母牛生了一头小牛。离任时，时苗对主簿说："我来做官时没有带这头小牛，这是在淮南生的，就留在本地吧。"部下说："家畜不认识自己的父亲，应该让它跟着母亲走。"时苗不听，还是把小牛留下了。

羊续悬鱼：羊续是东汉贤臣，《后汉书·羊续列传》记载说羊续做南阳太守时，为官清廉。下属曾经送给他一条鱼，羊续不好意思推辞，就收下了，但没有吃，而是把鱼挂了起来。后来下属又送给他鱼，羊续就把前一条鱼拿出来给下属看，以此杜绝送礼。

fán kuài pái tà　　xīn pí yǐn jū
樊哙排闼，辛毗引裾。

【典故】

樊哙排闼：樊哙，西汉开国将领。排闼，推门，撞开门。《史记·樊郦（lì）绛（jiàng）灌列传》记载：刘邦晚年得了重病，不愿见人，就躲在宫里不出来，也禁止大臣朝见。过了十几天，刘邦还不肯露面，大将樊哙着急了，推开宫门闯了进去，大臣都跟在后面。此时，刘邦正一个人躺在床上，枕着一个宦官。樊哙见了刘邦，质问道："您病得厉害，大臣都很担心。您不跟我们商议事情，难道是要和宦官做最后的诀别吗？您难道不记得赵高的事情吗？"刘邦听到樊哙的质问，就笑着起来与群臣相见了。

辛毗引裾：《三国志·魏书·辛毗传》记载：魏文帝曹丕想把冀州（今河北中南部）的十万户士家（魏晋时期世代当兵的家庭称为"士家"）迁到河南，当时河南连续发生蝗灾，饥荒严重，因此辛毗坚决反对。曹丕不想辩论，转身要回后宫，辛毗紧紧拉住他外衣的后襟，文帝气得用力一拉衣服，头也不回地走了。过了好一阵，曹丕出来，又问辛毗道："刚才你怎么拉我拉得那么紧啊？"辛毗仍说："现在迁移士家，不但容易失去人心，而且也没有粮食赈济迁来的人呀。"经过力争，曹丕最终部分采纳了辛毗的意见，只迁移了半数人家到河南去。

sūn chǔ shù shí　　hǎo lóng shài shū
孙楚漱石，郝隆晒书。

【典故】

孙楚漱石：孙楚，西晋诗人。《世说新语·排调》记载：孙楚年轻时想要隐居，对朋友王济说："我要枕石漱流。"不想一时口误，说成了"漱石枕流"。王济说："水流可以拿来当枕头，石头可以拿来漱口吗？"孙楚辩解道："之所以用水当枕头，是为了洗净耳朵；之所以用石头漱口，是为了磨砺牙齿。"

郝隆晒书：郝隆，东晋名士。《世说新语·排调》记载：晋朝时，每年七月初七是晒衣服的日子，有些富裕的人家还会借晒衣服炫耀财富。郝隆家境贫穷，但很有学问，到了这一天，没有衣服可以拿出来晒，就自己躺在太阳下面，别人问他这是干什么，郝隆说："我在晒书。"

méi gāo yì quē　　chōng guó zì zàn

枚皋诣阙， 充国自赞。

【典故】

枚皋诣阙：枚皋，西汉辞赋家。诣阙，指到宫门来。阙，皇宫两边供瞭望的楼，泛指帝王的宫殿。《汉书·枚皋传》记载：枚皋是文学家枚乘的儿子，十七岁时上书梁王，被任命为郎官。后来枚皋得罪了梁王身边的人，逃亡到长安，正好遇上大赦，于是到皇宫门前呈递奏疏，表明自己是枚乘之子。汉武帝听说枚乘的儿子来了，就让枚皋在平乐馆作赋。枚皋写得很好，汉武帝看完后非常高兴，也任命他为郎官。此后汉武帝凡有所感触，都让枚皋写成赋。枚皋才思敏捷，接受旨意后很快就能成稿，所以留下了很多作品。

充国自赞：充国，西汉名将赵充国。《汉书·赵充国传》记载：西汉宣帝时，西羌反叛汉朝。宣帝想要派人讨伐，首先想到赵充国，但又觉得他已经年老，就派大臣丙吉去向赵充国询问有什么人可以担当重任。赵充国说："没有比老臣我更合适的了。"宣帝又派使者问他打算如何平叛，赵充国回答道："百闻不如一见，我没法在千里之外订立作战计划。我请求乘驿马到金城郡（今甘肃兰州）一带查看敌情，再做出计划上报。"后来赵充国果然平定了西羌的叛乱。

wáng yǎn fēng jiàn　　xǔ shào yuè dàn
王 衍 风 鉴 ， 许 劭 月 旦 。

【典故】

王衍风鉴：风鉴，指以风度、外貌来判断人的性格优劣和今后的命运。《晋书·石勒载记》记载：石勒十四岁时随同乡到京城洛阳做生意，倚靠着城门长啸（一种口技）。太尉王衍正好路过，为之动心。又向前走了一段路，王衍回过头对身边的人说："刚才那个孩子，无论声音还是眼神都体现出不凡之处，恐怕会成为国家的祸患。"就派人骑着快马去逮捕石勒，然而此时石勒已经离开了，王衍派出的人扑了个空。后来石勒果然成为反晋势力的首领。

许劭月旦：月旦，旧历以每月初一为"月旦"。《后汉书·许劭列传》记载：东汉名士许劭和堂兄许靖都喜欢评论同乡的人物，而且每月初一都重新做一次评价，所以他们的家乡汝南郡有"月旦评"的习俗。后来，"月旦"就成为评论人物的代名词。

hè xún rú zōng　　sūn chuò cái guàn
贺 循 儒 宗 ， 孙 绰 才 冠 。

【典故】

贺循儒宗：贺循，东晋江南士族领袖。《晋书·贺循传》记载：贺循清廉而博学，被学者视为当时的儒家宗师。晋元帝渡江，宗庙制度都是他制定的。朝廷凡有在制度方面不能决断的，都派人询问贺循，而贺循总能根据儒家经典的记载做出恰当的回答。

孙绰才冠：孙绰，东晋文学家，博学多识。《晋书·孙楚传附孙绰》记载：孙绰以文采见长，被认为是当时文学人才中最出色的。东晋名臣温峤、王导、郗鉴、庾亮等去世，都一定要请孙绰撰写碑文，以美好的言辞宣扬逝者的功德，刻石立碑，以求不朽。

tài shū biàn qià　　zhì zhòng cí hàn
太 叔 辩 洽 ，　挚 仲 辞 翰 。

【典故】

太叔辩洽，挚仲辞翰：太叔，即太叔广，太叔是复姓。辩洽，善于辩论。挚仲，即挚虞，字仲洽，故又称挚仲。辞翰，文章的别称。《世说新语·文学》记载：西晋时，太叔广和挚虞都官至列卿。在朝廷的聚会中，两人进行辩论，由于太叔广擅长舌辩，挚虞无法取胜，但等挚虞回到家中，就辩论的题目写成文章来反驳太叔广，太叔广也无法写出有力的文章来反击。

shān tāo shí liàng　　máo jiè gōng fāng
山 涛 识 量 ，　毛 玠 公 方 。

【典故】

山涛识量：量，指见识、器量。《世说新语·政事》记载：西晋初年，山涛为人度量大、见识广、有知人之智。曾被任命为吏部尚书，主管选用官员。山涛选拔了很多人才，安排在各种职位上，基本没有不称职的现象发生。只有陆亮是晋武帝特别下诏任用的，与山涛的原意不合，其人后来果然因贿赂事件被追究责任。

毛玠公方：《三国志·魏书·毛玠传》注引《先贤行状》记载：东汉末年，曹操的部下毛玠气度高雅，为人公正，作风清廉谨慎。他负责选拔官员时，喜欢任用忠贞清正、肯做实事的人，疏远华而不实、结党营私的人。受他的选拔标准影响，当时的各级官员都很注意保持廉洁作风。另外，梁代文人任昉（fǎng）所写《为范尚书让吏部封侯第一表》中有"在魏则毛玠公方，居晋则山涛识量"的句子，应该就是本句的直接出处，此表收入《文选》。

yuán àng què zuò　　wèi guàn fǔ chuáng

袁盎却座，卫瓘抚床。

【典故】

袁盎却座：《史记·袁盎列传》记载：汉文帝带着皇后和妃子慎夫人去上林苑游玩，袁盎作为随从一同前往。慎夫人仗着文帝的宠爱，与皇后坐在同一张席子上，袁盎上前示意她退到次一等的座席上就座，文帝和慎夫人都很不高兴。袁盎劝谏文帝道："我听说尊卑有序才能和睦，慎夫人作为妃子，怎么能和皇后同座呢？您喜欢慎夫人，可以多多赏赐她，但您这样做是害她啊。难道您忘了吕太后杀害高祖宠妃戚夫人的事了吗？"文帝因此转怒为喜，对慎夫人解释了袁盎的用意。慎夫人感谢袁盎为自己着想，赐给他五十斤黄金。

卫瓘抚床：《晋书·卫瓘传》记载：晋武帝的太子司马衷愚笨，官员们都认为他不具备处理政务的能力。大臣卫瓘对此非常忧虑，希望晋武帝把太子废掉，改立其他皇子。后来晋武帝在陵云台宴请群臣，卫瓘借着酒劲，跪在晋武帝所坐的床前，用手抚摸着御床说："这个座位可惜了啊！"武帝明白他的意思，但不肯接受意见，就说："您真是喝醉了。"卫瓘也不敢再说下去，此事最终不了了之。

yú gōng gāo mén　　cáo cān cù zhuāng

于公高门，曹参趣装。

【典故】

于公高门：《汉书·于定国传》记载：西汉大臣于定国的父亲于

公审理案件非常公正，凡是被他判刑的人都认为自己罪有应得，没有怨恨于公的。有一次，于公家所在的里（古代乡以下的行政单位）的大门坏了，需要重建。于公对同乡说："新的大门修建时一定要加宽加高，能让四匹马拉的高盖车通过。我审理案件没有冤枉过人，子孙一定会有出息。"后来于定国做了丞相，于定国的儿子于永做了仅次于丞相的御史大夫，于公的预言果然应验。

曹参趣装：趣装，"趣"通"促"，催促准备行装。《史记·曹相国世家》记载：西汉初，曹参被任命为齐相，治理当地九年，以休养生息为宗旨，很有成效。汉惠帝时，相国萧何去世，曹参听说后就告诉身边的小吏："赶快收拾行装，我就要去做相国了。"过了不久，朝廷果然派来使者，召曹参接替萧何为相。

shù nǚ zhèn fēng　　　zōu yǎn jiàng shuāng
庶女振风，邹衍降霜。

【典故】

庶女振风：庶女，指平民女子。振风，指引发风雷。《淮南子·览冥训》中有"庶女叫天，雷电下击，景公台陨，支体伤折，海水大击"的话，高诱解释为：春秋时，齐国有一个对婆婆很孝顺的寡妇，没有儿子也不准备再嫁。她的小姑子（丈夫的妹妹）贪图家产，杀死自己的母亲，诬陷寡妇为杀人凶手，寡妇无法为自己洗清冤屈，只能喊叫"天啊，天啊"。上天被她的冤情所惊动，用雷电击毁了国君齐景公宫室中的高台，景公因此受了伤，海水暴涨，溢出海岸。

邹衍降霜：《太平御览》引《淮南子》佚文记载：战国时期，学者邹衍对燕惠王非常忠心，但由于惠王的亲信说邹衍的坏话，惠王听信谗言，就将他逮捕关在监狱里。邹衍无法为自己分辩，只好仰面向天哭泣，感动了上天。当时正值五月盛夏时节，上天却降下霜来，当时老百姓都认为这是在为邹衍鸣不平。

fàn dān shēng chén　　yàn yīng tuō sù

范丹生尘，晏婴脱粟。

【典故】

范丹生尘：范丹，东汉隐士。《后汉书·独行列传》记载：东汉范丹（一作范冉）遭受宦官迫害，带着妻子逃亡在外，有时甚至要靠吃野菜、野果维持生活，也没有固定的住处。后来范丹建了一座简陋的草屋住下，不时遭遇断粮的窘境，但范丹始终表现得非常自如，并不因为贫困而改变自己的操守。同乡编出歌谣说："甑中生尘范史云，釜中生鱼范莱芜。"意为饭罐里生出了尘土的，就是范史云（范丹字史云）；铁锅里生出了鱼的，就是范莱芜（范丹曾任莱芜长，故称范莱芜），以此感叹他的穷困。

晏婴脱粟：晏婴，春秋时齐国名相，在位期间厉行节俭。脱粟，指仅仅碾去了外壳的糙米。《晏子春秋·内篇·杂下》记载：晏婴做齐景公的相国，每天吃糙米饭，穿粗布衣服。有一次晏婴正在吃饭，恰巧齐景公的使者到他家里传达旨意，晏婴把自己的食物分一半给使者吃，结果使者没吃饱，晏婴也没吃饱。使者回去后将这件事汇报给齐景公，景公感慨说："唉，晏婴家穷成这个样子，我却不知道，是我的过错啊。"于是派人给他送去千两黄金，晏婴却一再推辞没有接受。

jié fén xīng wèi　　biē líng wàng shǔ

诘汾兴魏，鳖灵王蜀。

【典故】

诘汾兴魏：诘汾，即拓跋诘汾，南北朝时北魏皇族的祖先，后被追封为圣武皇帝，是神元皇帝拓跋力微的父亲。《魏书·序纪》记载：拓跋诘汾曾经在山泽中田猎，忽然见到一辆有帐盖的大车从天而降。当大车降到他跟前时，只见有一位美丽绝伦的女子从车中走出，她自称是天上的仙女，受天帝的命令下凡和拓跋诘汾结为夫妇。第二天，仙女请求返回天庭，并约定一年后仍然在这里相会。说完两人就分别了。一年后，圣武皇帝来到先前田猎的地方，果然见到仙女。她把所生的男孩交给圣武皇帝，对他说："这是君王的儿子，今后当世世为帝王。"说完就离去了，这孩子就是始祖神元皇帝。鲜卑族在拓跋力微的治理下，实力不断增强，为北魏王朝的建立奠定了坚实的基础。

鳖灵王蜀：鳖灵，传说中古代蜀国一位君主的名字。《蜀王本纪》记载：鳖灵本来居住在荆楚（今湖北）一带，死后尸体沿着长江逆流而上，到达郫（pí）县复活，与当时的蜀王杜宇相见，被任命为国相。后来蜀地发洪水，鳖灵治水有功，杜宇自认为不如鳖灵，有愧于心，就把王位让给了鳖灵，自己到山中隐居。

bù yí wū jīn   biàn hé qì yù

不 疑 诬 金， 卞 和 泣 玉。

【典故】

不疑诬金：不疑，西汉人直不疑。《汉书·直不疑传》记载：西汉文帝时，直不疑在宫中做郎官。有一次与直不疑住在一起的人回家探亲，错把别人的黄金带走了，丢了金子的人怀疑是直不疑偷的。直不疑为了不激化矛盾，就承认确有其事，并自己买了黄金来抵偿。等到探亲的人回来，把错拿的黄金还给失主，丢失黄金的人才知道自己冤枉了直不疑，非常惭愧。直不疑因此被公认为是位忠厚长者。

卞和泣玉：《韩非子·和氏》记载：春秋时期，楚国人卞和在山

春秋五色沁双凤与螭纹玉佩

中发现一块璞玉（包裹着玉的石头），献给楚厉王。厉王的玉匠认为这块璞玉是石头，于是厉王说卞和欺骗国君，砍掉了他的左脚。厉王去世后，武王即位，卞和把璞玉献给武王，又被说成石头，武王砍掉了卞和的右脚。武王去世后，卞和抱着璞玉在山下痛哭了三天三夜，泪都哭干了，眼里流出鲜血来。继位的楚文王派人把卞和召来，问道："受了断足刑罚的人很多，你为什么哭得如此悲伤？"卞和说："我不是为砍掉双脚而痛心，而是痛心宝玉被称为石头，忠贞之人被称为骗子。"于是文王让玉匠把璞玉剖开，里面果然是一块美玉。这块玉雕琢成的玉璧就以卞和的名字命名，就是著名的"和氏璧"。

tán qīng mù hóu　　xiè shàng qú yù
檀 卿 沐 猴，　谢 尚 鸲 鹆。

【典故】

檀卿沐猴：檀卿，即檀长卿，古人有缩减人名作为简称的习惯。沐猴，即猕（mí）猴。《汉书·盖（gě）宽饶传》记载：西汉长信少府（皇太后的宫廷总管）檀长卿会跳沐猴舞。汉宣帝时，平恩侯府落成，群臣赴宴庆贺。酒酣之时，檀长卿跳起沐猴舞为大家助兴，模仿猕猴和狗搏斗的场面，客人都被逗得大笑。

谢尚鸲鹆：鸲鹆，鸟名，俗称"八哥"。《晋书·谢尚传》记载：东晋官员谢尚年轻时曾被任命为司徒王导的幕僚，去司徒府报到的当天，王导对他说："听说你会跳鸲鹆舞，在座各位都倾慕已久，不知可以表演一下吗？"谢尚说："好的。"就穿着官服跳了起来。王导让在座的人一起跟着谢尚跳舞的节奏拍手，谢尚在众人环视下学着鸲鹆的动作或俯或仰，就好像没有人在观看一样自如。

tài chū rì yuè　　jì yě yáng qiū
泰初日月，季野阳秋。

【典故】

泰初日月：泰初，指曹魏大臣夏侯玄字太初，古时"太""泰"通用，故有时也写成"泰初"。《世说新语·容止》记载：夏侯玄为人磊落，与他同时代的人评价说："夏侯玄豁达开朗，好像把日月放在怀中一样，一切心思都表露在外。"

季野阳秋：阳秋，即我国古代史书《春秋》，晋简文帝的生母郑太后小名"阿春"，文帝即位以后，东晋的统治区域都避讳"春"字，《春秋》也被改称《阳秋》。《世说新语·赏誉》记载：东晋人桓彝（yí）评价褚裒（字季野，裒音 póu）说："季野有皮里阳秋。"所谓皮里阳秋，是指褚裒对时人时事有一套自己的见解，但不说出来，就像孔子作《春秋》，在字里行间暗含对于所记人和事的褒贬一样。

xún chén dé xīng　　lǐ guō xiān zhōu
荀陈德星，李郭仙舟。

【典故】

荀陈德星：德星，古代以景星、岁星等为德星，古人认为国家有道有福就会有德星出现。《世说新语·德行》注引《续晋阳秋》记载：东汉名士陈寔（shí）带着子侄去另一位名士荀淑家做客，天上的"德星"此时恰好聚在了一起。主管天象观察的太史向皇帝奏报说："在京城洛阳之外五百里的范围内，有贤人聚会。"陈寔是颍川郡许县人，荀淑是颍川郡颍阴县人，都在今河南许昌，属于洛阳之外五百里的范围。

李郭仙舟：李郭，指东汉李膺和郭泰，二人曾团结一致共同反对宦官专权，被当时的太学生奉为精神领袖。《后汉书·郭太列传》（传主本名郭泰，字林宗，《后汉书》作者范晔〔yè〕的父亲名叫范泰，范晔为避父讳，在《后汉书》中将"郭泰"都写成"郭太"或"郭林宗"）记载：东汉名士郭泰在京师取得很大名声后，准备回故乡太原，京师的高官名士都来为他送行，光是这些人所乘的车就有数千辆。郭泰和好友李膺（yīng）一起乘船过河，其他人在岸边目送，都觉得这两位名士看起来像神仙一样飘然出尘。

wáng tún xiù bèi　　zhāng shì tóng gōu

王 忳 绣 被， 张 氏 铜 钩。

【典故】

王忳绣被：《后汉书·独行列传》记载：东汉人王忳曾在洛阳遇见一位重病的无名书生，书生以黄金十斤相赠，托他料理后事，说完就去世了。王忳用一斤金子为书生办完丧事后，将剩下的黄金都埋在棺木下面。之后，王忳回到故乡当了一名小官，上任之日，不知从哪里跑来了一匹马，又随风吹来了一床绣花的被子，王忳报告给上级长官，长官将马和被子判给了他。后来王忳骑马到雒县（今四川广汉）办事，马跑进一户人家，这家的主人就是书生的父亲，马和被子都是他家的失物。王忳向书生父亲说明情况后，两人一起去洛阳，将书生的棺木搬运回故乡，此时办丧事剩下的黄金还埋在棺木下面，没有人动过。王忳因此而名扬天下。

张氏铜钩：《搜神记》记载：西汉的时候，传说长安城（今陕西西安）有一个姓张的人，自己住在一间屋子里。有一天，一只斑鸠飞到他的怀里，化为一枚金钩。张家自从得到金钩，家运日益昌盛，积聚家财万贯。有一个蜀地商人非常羡慕，就买通张家的婢女，把金钩偷了过来。张家丢失金钩后，财产不断缩水，但蜀商也并未因持有金钩而获得好处，反而做了不少赔本买卖，屡遭凶险。后来有人对蜀商说："张家发财是天意，不是靠人力所能追求到的。"于是蜀商把金钩送还给张家，张家又重新兴盛起来。

dīng gōng jù lù　　yōng chǐ xiān hóu
丁 公 遽 戮 ， 雍 齿 先 侯 。

【典故】

丁公遽戮：遽，急速，猝然。《史记·季布列传》记载：楚汉战争时期，丁公是项羽手下的将领。刘邦在彭城打了败仗逃跑，丁公领兵追击，与刘邦交战。刘邦到了危急的境地，就对丁公说："你我都是贤能的人，何必互相为难呢？"丁公听信了刘邦的话，就率部撤退了，刘邦因此得以逃脱。项羽战败自刎后，丁公作为降将去见刘邦，刘邦下令把丁公送到军中示众，宣告道："丁公身为项羽的臣下，却不忠于项羽。使项羽丧失天下的就是丁公。"于是下令将丁公斩首，并说："后世做臣子的人不要效仿丁公！"

雍齿先侯：雍齿，西汉开国将领，曾与刘邦结怨。《史记·留侯世家》记载：汉高祖刘邦称帝后不久，偶然从宫殿高处看到部将聚集在沙土地上交谈，于是问张良这些将领在说什么。张良说："他们在谋反。"高祖非常惊讶。张良说："这些人担心您不能让每个人都获得封赏，又怕因为以前的过失遭到诛杀，所以要谋反。"高祖问张良有什么办法能使将领安心，张良说："您封赏一个平时最讨厌的将领为侯，大家就都安心了。"于是高祖大摆酒宴，当场封多次给高祖造成困窘局面的雍齿为什方侯，又催促丞相和御史大夫抓紧论功行赏。众将果然说："雍齿都能封侯，我们更没有什么可担心的了。"

chén léi jiāo qī　　fàn zhāng jī shǔ

陈雷胶漆，范张鸡黍。

【典故】

陈雷胶漆：《后汉书·独行列传》记载：东汉的陈重与雷义是很好的朋友，一人得到官职必定推荐另一个人和自己一起做官；一个人被贬黜，另一个人一定辞官。汉顺帝在位时，雷义被推荐为茂才，他便向刺史提出让给陈重，刺史不答应，于是雷义也放弃了。后来两人一起被举为孝廉，又一起被任命为尚书郎。当时人说："胶漆自谓坚，不如陈与雷。"

范张鸡黍：黍，黄米。《后汉书·独行列传》记载：东汉人张劭与范式曾同在太学学习，后各自回乡，分手时，范式向张劭提出次年要去张劭家拜访。第二年约定的时间临近，张劭请母亲杀鸡煮黍，准备接待范式，母亲说："分离许久，又相隔千里，你怎么就能确定他一定会来呢？"张劭说："范式必定不会失约。"范式果然如期而至。

zhōu hóu shān yí　　kuài jī xiá jǔ

周侯山嶷，会稽霞举。

【典故】

周侯山嶷：周侯，指东晋大臣周颛（yǐ），据史料记载周颛举止庄重，神态超绝。嶷，像高山一样巍峨。《世说新语·赏誉》记载：东晋初的士人们都说，周颛气宇轩昂，像是屹立在平地上的孤峰一样。

会稽霞举：会稽，指东晋司马昱（yù），因被册封为会稽王，故简称"会稽"。霞举，像朝霞升起一样充满光彩。《世说新语·容止》记载：东晋海西公（即晋废帝）在位时，大臣上朝的时候朝堂还很昏暗。及至会稽王（即后来的简文帝司马昱）到来，由于他气度不凡，给人的感觉就好像朝霞在朝堂中升起一样。

jì bù yī nuò　　ruǎn zhān sān yǔ
季 布 一 诺 ， 阮 瞻 三 语 。

【典故】

季布一诺：季布，楚汉战争时期项羽手下的大将。《史记·季布栾布列传》记载：季布为人不轻易许诺，但一经许诺，无论千难万险都一定努力办到，所以当时盛传"得黄金百斤，不如得季布一诺"。

阮瞻三语：阮瞻，"竹林七贤"之一阮咸的儿子。《晋书·阮籍传》记载：西晋时，名士阮瞻见到司徒王戎，王戎问他："圣人（指孔子）重视名教，老子、庄子倡导自然，他们的观点究竟是一致，还是不一致呢？"阮瞻说："将无同（大概没有什么不同）。"王戎感慨了很久，阮瞻用短短三个字就将这一深奥的问题回答清楚了。王戎于是就任命阮瞻做自己的幕僚。当时人都称阮瞻为"三语掾（yuàn，意为官属、幕僚）"。

guō wén yóu shān　　yuán hóng bó zhǔ
郭 文 游 山 ， 袁 宏 泊 渚 。

【典故】

郭文游山：郭文，东晋隐士，喜好游山玩水不喜做官。《晋书·隐逸传》记载：郭文喜爱山水已经到了痴狂的地步，每次到山中游玩，一去十几天，甚至都想不起回家。父母去世后，他不娶妻生子，离家去名山大川中游览，曾经登上华山，观看石室中的石匣。后来西晋灭亡，天下大乱，郭文步行到江东，在吴兴郡余杭县的荒山中盖了一间草棚容身，一住十几年，从来没有遭到过野兽毒蛇的侵害。

袁宏泊渚：《世说新语·文学》记载：东晋文学家袁宏年轻时家贫，靠替人搬运货物维持生计。有一次，运货的船走到了牛渚，袁宏为了消遣时间，半夜吟诵自己写的诗，被名士谢尚听到，就邀袁宏到自己的船上闲谈，两人越聊越投机，大有相见恨晚之意，袁宏从此得到了谢尚的赏识，名声也越来越大。

huáng wǎn duì rì　　qín mì lùn tiān
黄 琬 对 日 ， 秦 宓 论 天 。

【典故】

黄琬对日：《汉书·黄琬传》记载：东汉大臣黄琼任魏郡太守时，发生了一次日食，魏郡能看到，京师则看不到。朝廷要求黄琼报告日食的程度，黄琼一时想不出恰当的比喻，七岁的孙子黄琬说："为何不说日食剩下的部分和新月一样呢？"黄琼惊讶于孙儿比喻的准确，就照这个说法上报了。

秦宓论天：《三国志·蜀书·秦宓传》记载：三国时期，张温为孙吴出使蜀汉，诸葛亮率百官设宴款待张温。张温一向听说蜀汉秦宓博学善辩，于是想故意刁难他，问了秦宓一连串与"天"相关的问题，秦宓闻声即答，毫不迟疑，每个答案都非常精彩，张温不得不表示佩服。

mèng kē yǎng sù　　yáng xióng cǎo xuán
孟 轲 养 素 ， 扬 雄 草 玄 。

【典故】

孟轲养素：《孟子·公孙丑》记载：孟子的弟子公孙丑问孟子：

"老师您有什么长处吗?"孟子说:"我善于培养自己的浩然之气。"所谓浩然之气,是一种正大光明的精神,这种精神带有本质的性质,需要经过日积月累才能形成,所以培养浩然之气的过程被称为"养素(即培养本质)"。

扬雄草玄:草,指起草,撰写。玄,指《太玄》,西汉扬雄所著的哲学著作,是模仿《周易》写成的。《汉书·扬雄传》记载:西汉末期,大儒扬雄在官中做郎官,当时很多儒生投靠外戚获得了高官厚禄,扬雄坚决不肯同流合污,而是闷头在家专心撰写哲学著作《太玄》,要通过著述留名青史。有些人讥笑他,扬雄就做了一篇《解嘲》来回答这些人。

xiàng xiù wén dí   bó yá jué xián

向 秀 闻 笛 , 伯 牙 绝 弦 。

【典故】

向秀闻笛:《晋书·向秀传》记载:西晋文学家向秀与嵇康、吕安是很好的朋友,后来嵇、吕二人遭到诬陷,无辜被杀。向秀路过洛阳嵇康的故居,听到邻居吹笛,想起当年三个好友之间的交情,百感交集,写下了《闻笛赋》,以怀念旧友。

伯牙绝弦:《吕氏春秋·孝行览》记载:俞伯牙善于弹琴,钟子期则善于欣赏,两人彼此引为知音。俞伯牙弹琴时意在高山,子期听了以后说:"巍巍乎若泰山!"志在流水,子期听了以后说:"荡

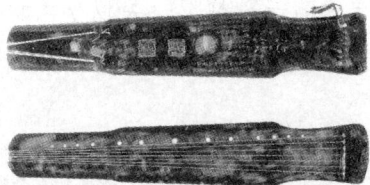

明代古琴

古琴,又称瑶琴、玉琴、七弦琴。为中国最古老的弹拨乐器之一,其历史几乎和中华文明一样悠久。古琴音域宽广,音色深沉,余音悠远,深具东方文化特色。古琴历来为文人阶层所重视,被尊为"国乐之父""圣人之器"。

荡乎若流水！"钟子期死后，伯牙认为世上再也没有知音了，于是就破琴断弦，一辈子再也没有弹过琴。

guō huái zì qū　　nán jùn yóu lián
郭槐自屈，南郡犹怜。

【典故】

郭槐自屈：郭槐，西晋大臣贾充的妻子，善嫉妒。《世说新语·贤媛》记载：西晋大臣贾充的前妻李氏，因为其父李丰反对司马氏而受牵连被流放到边疆。贾充于是娶了后妻郭槐。晋武帝即位后，下令大赦，李氏得以回到家中。晋武帝特批贾充可以有两房正妻，但贾充深知郭槐生性嫉妒，便将李氏安排在外面的宅邸，不回贾充的府第。郭槐仍不肯善罢甘休，非要去找李氏挑衅，对贾充说要去看望李氏，贾充说："她性情刚强，又有才气，你去还不如不去，免得自取其辱。"郭槐不听，带了很多婢女去见李氏，场面非常隆重，以为这样就能够压倒李氏。不料进门之后，郭槐看到李氏的仪容风采，不自觉地就向李氏跪拜。

南郡犹怜：南郡，指晋明帝的女儿南郡公主，后嫁给大将军桓温。《世说新语·贤媛》注引《妒记》记载：东晋大臣桓温平定割据的成汉政权后，纳成汉国主李势的妹妹为妾。正妻南郡长公主嫉妒心很强，得知桓温纳妾后，就拔出刀来，要去杀李氏。当时李氏正在窗前梳头，看到公主来了，慢慢把头发挽起，恭敬地向公主施礼，神色安闲，言辞凄婉。南郡长公主受到感动，于是将刀扔在地上，上前抱住她说："阿子（晋朝人对晚辈的一种称谓，类似今天说'孩子'），我看到你都有爱怜之心，何况桓温呢？"后来她对李氏很好。

lǔ gōng xùn zhì　　sòng jūn qù shòu
鲁恭驯雉， 宋均去兽。

【典故】

　　鲁恭驯雉：《后汉书·鲁恭传》记载：东汉时期，鲁恭做中牟县令时，本郡发生蝗灾，唯独中牟县没有遭受蝗虫的侵扰。上司怀疑此事的真实性，就派属下官员去查证。官员和鲁恭一起到田间巡视，坐在桑树下，一只野鸡飞过来，落在他们身边不走了。官员问身边的一个小孩：“你怎么不抓野鸡啊？”小孩说：“它正在抚养幼雉呢。”官员对鲁恭说：“蝗虫不入境，鸟兽肯亲近人，小孩子也懂得仁爱，这三件特异的事情证明了您的德行。”

　　宋均去兽：《后汉书·宋均传》记载：东汉初年，九江郡有很多老虎，设置陷阱也不能防止它们伤害百姓。宋均出任九江太守后，通令各县说：“老虎伤人，是因为官吏残暴，上天有所感应的缘故，总是忙着捕捉老虎，不是善待百姓的办法。”于是在九江任上整顿吏治，罢免那些贪婪奸恶的官吏，选拔忠诚善良的人任职，广行德政，后来老虎果真自行离开九江，再也没有出现老虎伤人的事情。唐代人避唐太祖李虎的讳，将老虎称为“猛兽”，所以李瀚在编纂《蒙求》时也将这个故事总结为“去兽”，而不是“去虎”。

guǎng kè shé yǐng　　yīn shī niú dòu
广客蛇影， 殷师牛斗。

【典故】

　　广客蛇影：《晋书·乐广传》记载：乐广曾和朋友喝酒，回去后朋友就病了。乐广去看他，朋友说：“和你喝酒时，我看到杯子中有蛇影，喝完就病了。"乐广回家仔细观察，发现厅壁上挂着一张弓，弓影映在水里，就像蛇一样。于是把朋友再请来，让他看弓影映在酒杯里的样子，朋友豁然开朗，心病一下子就好了。

清代郎世宁绘《乾隆皇帝御驾射猎图》

弓箭文化有着悠久的历史和丰富的内涵。古代中原地区兴起的礼射，有着文武相济、寓教于射、倡导和谐的文化精髓。对于古代北方民族而言，弓箭文化影响更是深刻。

殷师牛斗：牛斗，牛相斗。《晋书·殷仲堪传》记载：殷仲堪的父亲殷师患有严重的耳鸣症，床底下的蚂蚁爬动，在他听来就像两头牛在搏斗一样。后用"牛斗"指病虚、心情恍惚。

yuán lǐ mó kǎi　　jì yàn lǐng xiù
元礼模楷， 季彦领袖。

【典故】

元礼模楷：模楷，即楷模、榜样。李膺（字元礼）是东汉末期名臣，因坚决抵制宦官专权，忠正刚直，不惧强权打击迫害，在读书人中的影响力极大。《后汉书·党锢列传》记载：当时太学（国家最高学府）中流传一句顺口溜说："天下模楷李元礼，不畏强暴陈仲举（即陈蕃），天下俊秀王叔茂（即王畅）。"李膺、陈蕃、王畅被合称为"三君"，是东汉后期的士人领袖。

季彦领袖：裴秀，字季彦，西晋名士，当时读书人的精神领袖，八岁能写文章。《晋书·裴秀传》记载：西晋大臣裴秀十几岁时，有客人来拜访他的叔叔裴徽，和裴徽说完话以后，又去拜访裴秀。裴秀的生母是身份很低的妾，父亲的正妻宣氏曾叫她为客人端茶，客人见到后急忙站起来，表示恭敬。事后，裴秀的生母说："我身份低微，他们这样做，是因为尊重我的儿子啊。"宣氏听说后非常惭愧，再也没有役使过她了，从这个小故事中也可见裴秀在读书人心目中的声望之高。当时士人之间流传的顺口溜说："后来领袖有裴秀。"

lǔ bāo qián shén　　cuī liè tóng xiù
鲁褒钱神，崔烈铜臭。

【典故】

鲁褒钱神：《晋书·鲁褒传》记载：西晋惠帝即位后，国家法律形同虚设，社会风气很差，鲁褒对这种贪婪鄙俗的风气感到很痛心，就写了一篇《钱神论》，借着夸张金钱的魔力，来讽刺爱钱如命的时人。

崔烈铜臭：铜臭，指铜钱的气味。《后汉书·崔骃列传附崔烈传》记载：东汉末期朝政腐败，官员升迁前必须向皇帝交纳巨额钱财，才能得到职位。崔烈以五百万钱买得司徒职位，但心里总觉得不安，就问儿子崔钧："我做三公，外界有什么议论？"崔钧说："您年轻时就有很高的名望，又曾经做过九卿、太守这样的高官，没人说您不应该做三公，不过您这次升官，议论的人都嫌您沾染了铜钱的气味。"

汉代五铢钱
五铢钱是中国古代一种铜币，也是用重量单位作为货币单位的钱币。五铢钱奠定了中国圆形方孔钱的传统，外圆内方象征着天地乾坤，上铸篆字"五铢"。五铢是中国历史上数量最多、流通时间最久的钱币。

liáng sǒng miào shí zhào wēn xióng fēi
梁竦庙食，赵温雄飞。

【典故】

梁竦庙食：庙食，指在宗庙中被祭祀，享受祭奠。《后汉书·梁统列传附梁竦传》记载：梁竦因为兄长犯罪，被迫回到故乡居住。他自幼生活在京师，不习惯本乡的生活，又自负怀才不遇，因此表现得很抑郁。他曾经登高远望，叹息道："大丈夫处世，活着的时候应该封侯，死了应该在宗庙中被祭祀。如果做不到，隐居可以养志，读书足以自娱。做州郡的官吏，只是给自己添麻烦罢了。"后来果然不再做官。

赵温雄飞：雄飞，形容奋发有为。《后汉书·宣张二王杜郭吴承郑赵列传附赵温传》记载：东汉人赵温曾做京兆郡丞（京兆太守的副手），他对这种生活不满意，感叹道："大丈夫当雄飞，安能雌伏（大丈夫应该奋发上进，怎么能屈居人下）。"于是就辞职回家了。后来赵温又重新出仕，在汉献帝时官至司徒。

méi chéng pú lún zhèng jūn bái yī
枚乘蒲轮，郑均白衣。

【典故】

枚乘蒲轮：蒲轮，古代用蒲草包裹车轮以减少车子行驶时的震动，高官告老还乡或征召有声望的名士常用此礼。《汉书·枚乘传》记载：汉武帝还是太子时就听说过文学家枚乘的名声，即位后，就派人去宣召枚乘，让他乘着用蒲草包裹车轮的小车入京。枚乘当时已经年老体弱，在入京途中病逝。

郑均白衣：白衣，古代平民穿白衣，故以"白衣"作为平民的

44

代称。《后汉书·宣张二王杜郭吴承郑赵列传》记载：东汉人郑均道德高尚，做官时又敢于劝谏皇帝。后来郑均得了病，辞职回到故乡任城。过了几年，汉章帝东巡，路过东平，特意到郑均家中去看望他，允许他终身享受相当于尚书的待遇。因此，当时的人都叫郑均"白衣尚书"。

líng mǔ fú jiàn　　kē qīn duàn jī

陵 母 伏 剑 ， 轲 亲 断 机 。

【典故】

陵母伏剑：陵母，汉初功臣王陵的母亲。伏剑，用剑自杀。《史记·陈丞相世家》记载：楚汉战争期间，王陵率领所部归附刘邦，项羽把他的母亲抓起来，想以此胁迫王陵归降。王陵派遣使者到项羽军中打探消息，王陵的母亲对使者说："告诉王陵，好好侍奉汉王。汉王是忠厚长者，一定能获得天下，不要因为我而有二心。"于是伏剑自杀，以坚定儿子追随刘邦的决心。此后，王陵坚决追随刘邦，成为西汉的开国功臣。

轲亲断机：轲亲，指孟子的母亲，孟子名轲。断机，指斩断织机上的布。《列女传·母仪传》记载：孟子小时候上学回

清代康涛绘《孟母断机教子图》

来，母亲问他："学到什么地步了？"孟子应付说："也就那个样子吧。"孟母于是斩断正在织的布，说："你不认真学习，荒废学业，就像我斩断布一样。你认真学习有了学问，才能保证未来生活的安

宁，如果停止学习，将来怎么能免除服劳役、躲避祸患呢？我靠织
布维持生活，中途停下来不织了，拿什么给你做衣服，又怎么换取
粮食呢？"孟子听了以后万分惭愧，于是从早到晚认真学习，最终继
承并发扬了孔子的思想，成为仅次于孔子的一代儒家宗师。

jì hòu pò huán　　xiè nǚ jiě wéi
齐后破环，谢女解围。

【典故】

　　齐后破环：齐后，指齐襄王的王后，襄王去世后，她作为太后
长期执政，史称君王后。《战国策·齐策》记载：秦始皇曾经命使者
送给齐国的君王后一套玉连环（扣在一起的玉环）说："齐国有很
多智士，有人能解开这连环吗？"齐国的大臣都不知道该如何解。君
王后拿起锤子，一下把玉连环砸碎了，并对使者说："已经按照您的
意愿解开了。"秦王知道这件事后，非常佩服君王后的魄力和胆识，
很长时间不敢再打齐国的主意。

　　谢女解围：谢女，指王凝之的妻子谢道韫（yùn），是我国历史
上有名的才女。《晋书·列女传》记载：谢道韫的小叔子王献之曾经
和宾客辩论，已经理屈词穷，谢道韫派侍女对王献之说："我想替小
郎（晋朝时嫂子对小叔子的称呼）解围。"于是在厅堂内立起青绫
步障（古人用于遮挡风尘或视线的一种屏障，用绸缎制成），谢道韫
在步障后用王献之的论点与宾客辩论，宾客竟无法驳倒她。

záo chǐ chǐ dú　　xún xù yīn lǜ
凿齿尺牍，荀勖音律。

【典故】

　　凿齿尺牍：尺牍，古人对书信的别称。《晋书·习凿齿传》记

载：东晋文学家、史学家习凿齿博学多闻，而且文章写得非常好。当时的权臣桓温任命他做自己的幕僚，并把他提拔为自己的主要助手。史书记载习凿齿"善尺牍，议论"（特别擅长写书信），因此非常受桓温的器重。

荀勖音律：《晋书·荀勖传》记载：荀勖精通音律，西晋建国初年，晋武帝让他主持修订乐律、制定祭祀和国宴上的乐舞。荀勖制造了十二枚律笛，以此来确定基准音阶，又根据新音阶创制了两种乐舞，调节了打击乐器的音高。

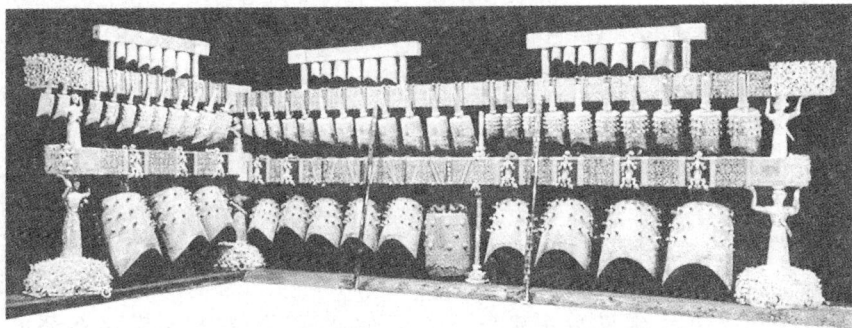

湖北随州曾侯乙墓出土的战国青铜编钟

hú wēi tuī jiān　　lù jī huái jú
胡威推缣，陆绩怀橘。

【典故】

胡威推缣：推，推让。缣，一种丝织品，与绢相似。《晋书·胡威传》记载：曹魏时，胡威去荆州探望做高官的父亲胡质，因为家中贫困，没钱置办车马、雇佣仆人，只好骑着小毛驴独自上路。在探望父亲准备回京的时候，父亲送给他一匹丝绢作为回去的盘缠，胡威诚惶诚恐地跪下说道："父亲为官一向清廉，从不收受任何礼物，不知道这匹丝绢是从哪里来的？"父亲告诉他是自己用每个月积攒下来的俸禄买的，胡威这才放心地收下。

陆绩怀橘：《三国志·吴书·陆绩传》记载：陆绩六岁时，在九江面见割据扬州的袁术。袁术拿出橘子让他吃，陆绩偷偷揣起来三个。临行时，陆绩向袁术告别，橘子掉了出来。袁术跟他开玩笑，说："你来我这里做客，怎么还揣着橘子走啊？"陆绩跪下说："我想带回去给母亲尝尝。"袁术因此觉得这个孩子很不一般。

luó hán tūn niǎo   jiāng yān mèng bǐ
罗含吞鸟，江淹梦笔。

【典故】

罗含吞鸟：《晋书·罗含传》记载：东晋的文学家罗含白天打盹时梦见一只长着非常好看的花纹的鸟飞进嘴里，因而惊醒了。他把这件事对婶娘说了，婶娘说："你梦见的鸟身上有五彩缤纷的花纹，花纹又叫文彩，你以后一定能写很好的文章。"果然做了这个梦以后，罗含写文章时经常会产生新鲜的创意。

江淹梦笔：《梁书·江淹传》记载：南朝的文学家江淹小时梦见有人送给他一支五色笔，此后的文章越写越好。十几年后，又梦见一个自称郭璞的人（东晋文学家）对他说："我的笔放在你这里很多年了，可以还给我了吧。"此后他的诗文再无佳句，人称"江郎才尽"。

lǐ xīn qīng zhēn   liú lín gāo shuài
李廞清贞，刘驎高率。

【典故】

李廞清贞：《世说新语·栖逸》记载：西晋名臣李重的儿子

李廞年轻时由于身体不好，不愿意结婚，也不肯做官，南渡后隐居在哥哥的墓旁，于是有了清白坚贞的美名。丞相王导（字茂弘）敬仰他的名声，想请他到自己身边做幕僚。李廞得知后笑道："茂弘又要把官位塞给我了。"于是便婉拒了王导，表示自己不愿出仕。

刘驎高率：刘驎，即东晋隐士刘驎之。高率，指为人清高、直率。《世说新语·栖逸》记载：东晋隐士刘驎之淡泊名利，清心寡欲，精通经史。荆州刺史桓温想请他出山做自己的长史（刺史最主要的助手，权力很大），派了船去接他，还带了很多财物作为赠礼。刘驎之得知后并不推辞，直接随船前往桓温的办公地点上明，一路上把桓温送给他的财物全都分给穷人。抵达上明时，刘驎之已经把财物全都送出去了，于是前去面见桓温，阐述自己缺乏做事的才能，之后就若无其事地退下，回到隐居地阳岐。

jiǎng xǔ sān jìng   xǔ yóu yī piáo

蒋诩三径，许由一瓢。

【典故】

蒋诩三径：《三辅决录·逃名》记载：西汉末期官员蒋诩预见天下将要大乱，于是辞官回乡，放任家门口长满了荆棘野草，只开辟了三条小路以供出入，表示不再出去做官。"三径"从此成为隐士家园的代称。

许由一瓢：蔡邕所著的《琴操》中有一篇《箕山操》，是受古代隐士许由的故事启发创作出来的。据说许由是尧时代的隐士，夏天住在树上，冬天住在山洞里，在

瓢是用葫芦做成的盛水的器具

河边喝水，在山上找食物。有人见他没有喝水的器具，就送给他一个瓢。许由用瓢喝完水后，把瓢挂在树上，风吹得瓢哗啦啦响，许由觉得这种声音增加了烦扰，就把瓢摘下来扔掉了。

yáng pú yí guān　　dù yù jiàn qiáo
杨 仆 移 关 ， 杜 预 建 桥 。

【典故】

杨仆移关：《汉书·武帝纪》应劭注记载：汉武帝时，将军杨仆屡立战功，却总以自己家住函谷关以东为耻。由于杨仆一心想要做关中人，就向皇帝上表，请求把函谷关搬到更东的地方，并提出愿意以自己的家财来支援工程。汉武帝同意他的想法，下诏把函谷关迁移到东边三百里外的新安县，旧的函谷关所在地改称弘农县，杨仆由此终于成为了关中人。

杜预建桥：《晋书·杜预传》记载：晋武帝在位时，大臣杜预鉴于黄河渡口孟津是一个交通枢纽，但却经常出现船只倾覆的事件，提议在富平津建造一座河桥。晋武帝让群臣商议，大家都认为洛阳是殷周两个朝代的都城，两代的圣君贤臣都没有在富平津建起河桥来，一定有其无法建造的理由。杜预说："《诗经》中有'造舟为梁'的句子，就是指建造河桥。"最终杜预力排众议，动工搭建。等到河桥建成，晋武帝带着文武百官去看，非常满意，于是举起酒杯向杜预祝酒，说："没有你，这座桥不可能建成。"

shòu wáng yì dǐng　　dù lín bó yáo
寿 王 议 鼎 ， 杜 林 驳 尧 。

【典故】

寿王议鼎：《汉书·吾丘寿王传》记载：汉武帝时，在汾阴县发现一只铜鼎，群臣都向汉武帝道贺说："恭喜陛下得到了周朝的鼎。"
只有吾丘寿王说："这不是周鼎。"汉武帝召见吾丘寿王问道："大家都说是周鼎，为什么你说不是呢？"吾丘寿王说："我听说周的先王德行高尚，上天为表示对他们的嘉许，降下宝鼎作为祥瑞，所以将其称为周鼎。自从高祖皇帝继承周的天子之位，也表现出伟大的德行，而您更是光大了祖业，可见这只鼎是上天赐给汉朝的，

上海博物馆藏商代龙纹扁足鼎

乃是汉朝的宝物，不是周朝的宝物，所以不应该称为周鼎。"汉武帝非常高兴，赐给吾丘寿王十斤黄金。

杜林驳尧：《后汉书·宣张二王杜郭吴承郑赵列传》记载：东汉初期，朝廷群臣一起商议制定祭祀天地祖先的制度，著名经学家杜林也参与了这次讨论。在讨论中，大多数人都认为既然周朝祭祀了始祖后稷，汉朝也应该效仿祭祀始祖尧，汉光武帝也认同这种看法。杜林认为，周朝能够兴起，与后稷有分不开的关系。汉朝的兴起，帝尧并没有尺寸之功，完全是汉高祖刘邦带领满朝文臣武将努力的结果，所以汉朝不应该效仿周朝祭祀远祖。皇帝最终听取了杜林的意见来办。

xī shī pěng xīn　　sūn shòu zhé yāo
西施捧心，孙寿折腰。

【典故】

西施捧心：《庄子·天运》记载：春秋时的美女西施心口常常疼

西安任家坡出土的陶俑有着汉代女子堕马髻发式

痛，用手捂着胸口，皱着眉头，站在所住的街上。邻居的丑女见到西施这个样子，认为很美，于是也皱着眉头，捂住胸口，站在街上。街坊邻居看到了，富人吓得躲在家里不敢出门，穷人带着妻子儿女逃得远远的。

孙寿折腰：《后汉书·梁统列传附梁冀传》记载：东汉权臣梁冀的妻子孙寿容貌美丽，很会打扮，她创制了所谓愁眉、啼妆、堕马髻、折腰步、龋齿笑等各种容态。尤其以"折腰步"闻名，人的下肢装作绵软无力，好像支撑不住身体了一样。

líng zhé fú lún　　wèi kē jié cǎo

灵辄扶轮，魏颗结草。

【典故】

灵辄扶轮：《左传·宣公二年》记载：晋国大夫赵盾去首山打猎，在大桑树下休息时，看到了饿得昏倒在地的灵辄。赵盾给他食物吃，又给他食物带回家。后来灵辄做了晋灵公的武士，灵公要杀赵盾，灵辄掉转武器去和灵公派出来的武士交战，保护赵盾逃出。这个故事在唐代民间传说中被增益为晋灵公命人把赵盾所乘车的车轮卸掉一个，灵辄一手抬起车轴，使车保持平衡，以单轮行驶，使赵盾逃脱晋君的追杀。

魏颗结草：《左传·宣公十五年》记载：晋国大夫魏武子有一个爱妾，武子晚年得病，清醒时对儿子魏颗说："我死后，你把她嫁出去吧。"等到病情很重时,又说:"让她殉葬吧。"武子去世后,魏颗认为父亲作前一嘱咐时头脑清醒,后一嘱咐则是糊涂话,就把这个妾嫁了出去。后来魏颗和秦国交战,见一个老人把草打成结,绊倒了秦军主帅杜回,于是魏颗大胜。当夜,魏颗梦见老人说:"我是你嫁出去那个女子的父亲,您救了我的女儿,我现在来报答您。"结草报恩的本是老人,但由于不知其名,所以后人往往把这个典故归在魏颗名下。

yì shào qīng xiè　　píng zǐ jué dǎo
逸 少 倾 写 , 平 子 绝 倒 。

【典故】

逸少倾写:逸少,东晋书法家王羲之的字。写,通"泻",即倾泻与排遣。谢安曾对王羲之说:"人到中年以来,常为悲哀所伤,每次与亲友分别,就会有好多天心情不好。"王羲之说:"人到了晚年,自然会如此。年在桑榆,此时正需要用音乐予以陶冶和排遣。我也常怕后辈察觉,减损他们的欢乐之趣。"

平子绝倒:绝倒,指身形倾侧,不能维持正常的坐或立,可能因大笑、叹息、哀伤等缘故导致。后世文人专以"绝倒"形容大笑。《世说新语·赏誉》记载:西晋名士王澄(字平子)非常高傲,很少佩服别人,但在听卫玠谈论玄理时,曾经三次深深赞叹,以致保持不住正常的坐姿。当时的人都说:"卫玠谈道,平子绝倒。"

tán tái huǐ bì　　zǐ hǎn cí bǎo
澹 台 毁 璧 , 子 罕 辞 宝 。

【典故】

澹台毁璧:《博物志》记载:孔子的弟子澹台灭明带着一枚玉璧

渡河，河上掀起大浪，又出现两条龙夹着澹台灭明所在的船两边。

汉代玉璧

澹台灭明左手拿着玉璧，右手提剑将龙斩杀，波浪就此平息下去。过了河之后，澹台灭明把玉璧投到河里，但河伯不敢接受，就又让玉璧跳回到澹台灭明手里，如是三次。最终，澹台灭明见河伯实在不敢收下，就在河岸上把玉璧毁掉，以示自己并非舍不得珍宝，而是不接受要挟。

子罕辞宝：《韩非子·喻老》记载：战国时，宋国的一个乡下人得到一块玉璧，将璧献给执政大臣子罕，子罕拒绝。献璧的人说："这是重宝，只有您这样的贵人才适合佩戴，我们这样的普通人是配不上的。"子罕说："你把玉璧当作宝贝，我把不接受你的玉当作宝贝。你把玉璧给我，我们两人同时失去了自己的宝。你还是把它拿走吧，这样我们都各自保住了自己的宝贝。"以此表示自己不贪图利益。

dōng píng wéi shàn　　　sī mǎ chēng hǎo

东 平 为 善 ， 司 马 称 好 。

【典故】

东平为善：《后汉书·光武十王列传》记载：东平王刘苍到京师朝见时，汉明帝问这位同母兄长："你觉得什么事情最能带来乐趣？"刘苍回答："为善最乐（做好事最能带来乐趣）。"

司马称好：《世说新语·言语》记载：东汉末年，名士司马徽避难迁居到荆州，由于担心被当地的荆州牧刘表谋害，从不对事情发表意见，遇见什么事都说"好，好"。他的妻子对此很不满，说：

"有人向你请教疑难,你应该详细阐述。你不管碰上什么问题都说好,这难道是他们提问时想听到的吗?"司马徽说:"你所说的也很好啊。"当时局势非常混乱,有名望的人很容易遭到统治者的忌恨,司马徽只能用这种方式保全自己。

gōng chāo wù shì　　　lǔ bān yún tī
公 超 雾 市， 鲁 般 云 梯。

【典故】

公超雾市:《后汉书·郑范贾陈张列传附张楷传》记载:张楷(字公超)精通经学,父辈的老儒都来向他求教,有时车马挤满了街道,来宾的随从找不到地方休息。张楷几次搬家躲避,求学的人依然跟着他到新住处去,以致他所住的地方很快就成为热闹的市集。据说张楷还会道术,能让方圆五里内都起大雾。

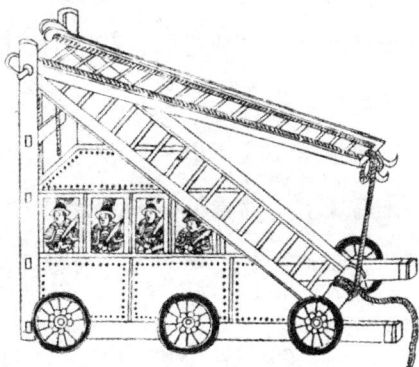

宋朝军事著作《武经总要》中记载的宋代云梯

鲁般云梯:《墨子·公输》记载:楚王准备攻打宋国,公输般为他建造云梯作为攻城器械。墨子到楚国劝说楚王放弃战争,与公输般在楚王面前模拟进攻和防守的场面。公输般先后用了九种攻城器械,还是没能攻克墨子守卫的城墙,楚王因此放弃了攻宋的打算。公输般是鲁国人,世称鲁般,后来讹传为"鲁班"。

tián dān huǒ niú　　jiāng yóu ruò jī
田单火牛，江逌爇鸡。

【典故】

田单火牛：田单，战国时齐国名将。《史记·田单列传》记载：燕攻齐，田单坚守即墨，在城中收集了一千多头牛，给牛披上丝绸，画上类似豹子的花纹，牛角上系着尖刀，牛尾系着在油里泡过的芦苇，半夜点燃芦苇，放牛出去袭击燕军，又派五千勇士跟在后面。田单的"火牛计"收到奇效，燕军在毫无准备的情况下大败，齐国收复了七十多座城池，并得以复国。

江逌爇鸡：爇，点燃。《晋书·江逌传》记载：江逌受命攻打羌族首领姚襄，对部将说："我们的士兵论精锐程度不亚于敌军，但羌人数量多，如果强攻恐怕不易取胜。我打算用计策来战胜他们。"于是江逌搜集了几百只鸡，把它们的腿都系在一根长绳上，又把火把系在鸡腿上。鸡看到火后非常害怕，就飞进姚襄的营地，把敌营点燃了。江逌趁势发起进攻，打败了姚襄。

cài yì yǔn dào　　zhāng liáo zhǐ tí
蔡裔殒盗，张辽止啼。

【典故】

蔡裔殒盗：殒，死亡，这里用作动词杀死。《搜神后记》记载：蔡裔是东晋将领，气势威猛过人，说话声音洪亮得如同打雷一般。曾经有两个小偷到他的房间里偷东西，蔡裔拍床一吼，两个小偷居然都被吓死了。

张辽止啼：《太平御览》引《魏略》记载：曹魏大将张辽被吴主孙权围困，张辽突围而出，又重新杀入孙权军中，将吴军击溃，因此威震江东。江东的小孩子有哭闹不停的，父母就说"张辽来了"，小孩听说张辽要来，就吓得不敢哭了。

chén píng duō zhé   lǐ guǎng chéng xī

陈 平 多 辙 ， 李 广 成 蹊 。

【典故】

陈平多辙：辙，即车辙，车行驶后留下的印迹。《史记·陈丞相世家》记载：陈平年轻时家里很贫困，本地的富人张负在一次丧事上认识了陈平，丧事结束后尾随陈平到了陈家。陈家住在一条破旧的小巷里，穷得只能用旧席子当门，但门外有很多车辙。当时只有名流大族才有财力置办马车，张负由此知道陈平很被上层社会看重，是个有才能的人，于是就把自己的孙女嫁给了陈平，并嘱咐孙女嫁到陈家后一定要尊重陈平和他的兄嫂，不要因为陈家贫困而看不起男方家人。后来陈平追随刘邦打天下，果然成为开国功臣。

李广成蹊：蹊，小路。《史记·李将军列传》记载：西汉名将李广为人小心谦恭，平时看起来就像普通人一样，也不会说漂亮话。当他去世的时候，天下人不管认识他还是不认识他的，都来表示哀悼。有句谚语说"桃李不言，下自成蹊（桃树李树不会说话，但树下总会被摘果子的人踩出一条小路来）"，用来说明李广虽然不善言辞，但他的美德却自然而然地感动了周围的人。

chén zūn tóu xiá   shān jiǎn dǎo zài

陈 遵 投 辖 ， 山 简 倒 载 。

【典故】

陈遵投辖：辖，古代马车的部件之一，固定车轮与车轴的位置，插入轴端孔穴的鞊钉。《汉书·游侠传》记载：陈遵喜欢喝酒，每次

青铜人形车辖

大宴宾客时，都叫人关闭门窗，并把客人所坐车的车辖取下，扔到井里，让客人即使有急事也没法离开。

山简倒载：倒载，指倒卧在车里。《晋书·山涛传附山简传》记载：西晋末年，山简出任荆州刺史，驻守襄阳。当地大姓习家有园林池沼，山简经常到那里喝酒游玩，而且每次去都喝醉，倒卧在车里被仆人拉回家。襄阳民间编出童谣形容山简道："日夕倒载归，酩酊（mǐng dǐng，形容醉酒的样子）无所知。"

yuān kè qì zhū jiāo fǔ jiě pèi
渊 客 泣 珠 ， 交 甫 解 佩 。

【典故】

渊客泣珠：渊客，指鲛人，古代传说中的人鱼。《博物志》记载：南海中有一种名为鲛人的生物，像鱼一样住在水里，会织布，哭泣时流下的眼泪都是珍珠。传说有一个人鱼到人间借宿卖丝绸，临走时问房东要了一个盘子，哭了一会儿，将满盘珍珠交给房东作为租金。晋代文学家左思写《吴都赋》时引用这个传说，写出了"渊客慷慨而泣珠"的句子。

交甫解佩：交甫，指神话人物郑交甫。《列仙传》记载：郑交甫在汉水边遇到两个佩戴明珠的女子，所戴的珠子像鸡蛋一样大。郑交甫非常羡慕，就上前向女子求讨珠子。女子把珠子给了他，郑交甫将珠子揣在怀里，急忙离开。走了数十步以后，郑交甫往怀里一看，珠子已经不见了，两个女子也消失得无影无踪，后来才明白她们俩是神女江妃的两个女儿。

gōng shèng bù qū　　sūn bǎo zì hé
龚 胜 不 屈 ， 孙 宝 自 劾 。

【典故】

龚胜不屈：《汉书·王贡两龚鲍传》记载：西汉大儒龚胜晚年辞官归隐，王莽篡位后多次请他出来做官，龚胜坚决不肯接受。并对门人说："我受汉朝皇室的厚恩，无以为报。又是快要死的人了，岂能一个人侍奉两姓的皇帝，那样的话，你叫我死后如何见故主呢？"说完便召集家人安排好自己的后事，绝食十四天而死。

孙宝自劾：自劾，就是自己揭发自己的错误。《汉书·盖诸葛刘郑孙毋将何传》记载：西汉人孙宝精通经学，御史大夫张忠聘请他做幕僚，又想让他给自己的儿子授课，于是在府中准备了房间，请孙宝去住。孙宝得知后，就上书揭发自己的错误并辞官（这是汉代官员辞官的一种手段，未必是真犯了错误），张忠急忙挽留，才把孙宝留下。后来张忠让一个亲信私下询问孙宝为何要辞官，孙宝说："按照礼仪，只有学生到老师处学习，没有老师到学生家教书的道理，我不能破坏规矩。"

lǚ ān tí fèng　　zǐ yóu fǎng dài
吕 安 题 凤 ， 子 猷 访 戴 。

【典故】

吕安题凤：《世说新语·简傲》记载：曹魏名士吕安曾到好友嵇康家里去做客，嵇康不在，嵇康的哥哥嵇喜便邀请吕安到自己家里去坐坐，吕安没有进门，在嵇喜家的门上写了个"凤"字就离去了。

嵇喜以为吕安夸奖自己是可与凤凰相比的贤人，非常高兴。谁知嵇康回来后，看到这个"凤"字，说："'凤'可以拆成'凡'、'鸟'二字（"凤"的繁体是"鳳"），是说你不过是凡鸟一样的庸才而已。"

子猷访戴：子猷，东晋大书法家王羲之的儿子王徽之，字子猷。《世说新语·任诞》记载：东晋人王徽之住在山阴时，有一天夜雪初晴、月色清朗，王徽之想起了住在剡（shàn）县的隐士戴逵（字安道），于是连夜乘船去看他。第二天早晨，王徽之到了戴逵家的门口，却不进去，说："乘兴而来，兴尽而返，不一定非要见戴安道。"

dǒng xuān qiáng xiàng　　zhái huáng zhí yán
董　宣　强　项，　翟　璜　直　言。

【典故】

董宣强项：《后汉书·酷吏传》记载：东汉董宣做洛阳令时，湖阳公主（汉光武帝的姐姐）的家奴仗势杀了人，并得到公主的包庇。董宣秉公执法当着公主的面把这个家奴杀了。湖阳公主进宫向弟弟汉光武帝哭诉，光武帝召董宣进宫，要把董宣打死替姐姐出气。董宣说："陛下使国家重兴，却放纵奴仆违犯法令，这还如何治理国家？我请求自杀。"于是用头去撞柱子，撞得满面流血。光武帝觉得董宣说得有理，但又要顾全姐姐的面子，就要求董宣向公主叩头赔礼。董宣坚持不低头，宦官想压住他的脖子逼他叩头，也没有用。因为董宣的这种强硬态度，光武帝称他为"强项令"（硬脖子县令），最终没有加罪于他。

翟璜直言：《吕氏春秋》记载：魏文侯和大臣在一起闲谈，文侯问："我是什么样的君主啊？"大臣们都说："您是贤明的君主。"只有翟璜说："您不是贤明的君主。"文侯生气了，又问任座，任座说：

"您是贤明的君主。我听说君主仁爱，臣子就敢直言，翟璜出言正直，所以我知道您是贤明的君主。"文侯非常高兴，就任命翟璜为上卿。

jì chāng guàn shī　　yǎng yóu háo yuán
纪 昌 贯 虱 ， 养 由 号 猿 。

【典故】

纪昌贯虱：《列子·汤问》记载：纪昌向飞卫学射箭，飞卫说："你要先学会不眨眼。"于是纪昌回家躺在妻子的织机下，眼睛盯着一点看，三年后，即使是锥子扎到眼角眼睛都不会眨一下。纪昌再去找飞卫，飞卫说："什么时候你看小的东西跟看大的东西一样，再来跟我学。"于是纪昌捉来虱子，用牛毛拴在窗户上天天看，越来越感觉虱子变大了，三年后看虱子像车轮一样大。这时纪昌再射箭，能够射中虱子的心，而不至于弄断牛毛。纪昌就把这件事告诉飞卫，飞卫高兴地说："你学成了。"

养由号猿：养由，即养由基，春秋时期楚国的神射手。《搜神记》记载：春秋时，楚王到园林中去游玩，看到一只白猿，命令手下放箭去射它，白猿把射来的箭一一打落，还拿着箭开始玩起来。于是，楚王下令叫来神箭手养由基，养由基到来后，刚拿起弓，白猿就抱住树干，害怕得惨叫起来。

féng yǎn guī lǐ　　zhāng zhāo sāi mén
冯 衍 归 里 ， 张 昭 塞 门 。

【典故】

冯衍归里：《后汉书·桓谭冯衍列传》记载：冯衍与东汉初期的外戚（指后妃的家人）阴兴、阴就关系很好，汉光武帝鉴于西汉末年外戚广结党羽专权祸国的教训，就以法律手段来压制外戚的宾客，犯了大罪的不是处死就是流放，罪轻的也被贬官罢职。冯衍因此被列入犯罪者之列。后来光武帝下诏不予追究，冯衍就回到故乡京兆郡，深居简出，不敢再和亲戚朋友来往。

张昭塞门：《三国志·吴书·张昭传》记载：吴国大臣张昭与吴主孙权发生了冲突，称病回家休养，不再上朝。孙权生气了，就让人把张昭家的门用土堵起来，张昭也让家人从里面把门用土封死。过了一段时间，孙权有所后悔，再三向张昭表示道歉和慰问，张昭还是不肯出门。后来孙权出行路过张昭家，张昭仍然称病，孙权就下令放火烧张昭的家门，想逼他出来见面，张昭依然若无其事，孙权只得下令灭火，改在门口耐心等待，终于等到张昭出门相见。孙权把张昭请到宫中，恳切地自我责备，张昭这才重新上朝。

sū sháo guǐ líng　　lú chōng yōu hūn

苏 韶 鬼 灵 ， 卢 充 幽 婚 。

【典故】

苏韶鬼灵：王隐《晋书》记载：西晋人苏韶去世后，他的堂兄苏节有一次在梦中看到苏韶，还听到苏韶和他说话，一连五夜都是这样。后来苏韶白天也出现在苏节家，和他说话闲谈，讲述阴间的各种事情，并要他帮自己迁坟。有一天，苏韶来向苏节告别，说自己要去天上做官了，从此就再也没出现过。

卢充幽婚：《搜神记》记载：东汉范阳人卢充曾经外出打猎，路过一所大宅院，与宅院主人崔少府（少府，东汉官名）的女儿结婚。三天后，少府派人送卢充回家，并说："我女儿已经怀孕，如果生下儿子，就送到你那里。"卢充回家后，得知自己所路过的是崔少府的坟墓，非常惊异。四年之后，卢充和朋友在水滨聚会，水中出来两辆车，分别坐的是少府父女。崔少府的女儿带来一个三岁的男孩交给卢充，就是卢充之子。这个孩子长大后做了高官，范阳卢家由此昌盛起来，传承不绝。

zhèn wèi sì zhī　　bǐng qù sān huò
震畏四知，秉去三惑。

【典故】

震畏四知：震，即杨震，东汉大臣，官至太尉。《后汉书·杨震列传》记载：杨震做荆州刺史时，曾经推荐了一个叫王密的人。后来杨震调到东莱当太守，路过昌邑，王密正在昌邑当县令，为感谢杨震当年的推举，王密夜里带了十斤黄金去送给杨震，杨震拒不接受。王密说："现在是深夜，没人知道，您收下就是了。"杨震说："天知，神知，你知，我知，怎么能说没人知道呢？"最终也没有收下。

位于浙江磐安的杨氏宗祠，又称"四知堂"。杨氏后人以杨震为骄傲，在各地建造"四知堂"来纪念他。

秉去三惑：秉，即杨震之子杨秉，也曾担任太尉之职。《后汉书·杨震列传附杨秉传》记载：杨震的儿子杨秉也做官多年。他自从做刺史开始，就按照做官的实际时间领俸禄，多出来的俸禄绝不收入私囊。而且杨秉不饮酒，夫人去世后也不再续娶。所以，杨秉曾经说："我有'三不惑'，就是酒、色、财。"

liǔ xià zhí dào　　shū áo yīn dé
柳下直道，叔敖阴德。

【典故】

柳下直道：柳下，即柳下惠，本名叫展禽，因封邑在柳下，去世后谥为"惠"，所以后人称其为柳下惠。《论语·微子》记载：春秋时，鲁国大夫柳下惠曾做过鲁国的士师（司法官员），三次被罢官。有人对他说："您就不能离开鲁国吗？"柳下惠说："如果以直道（行事正直）侍奉君主，到哪儿不会被罢免？如果以枉道（献媚取宠）侍奉君主，又何必离开父母的故国呢？"

叔敖阴德：叔敖，即春秋时楚国大夫孙叔敖。阴德，这里指暗中施德于人。《新书·春秋》记载：孙叔敖小时候出门见到两头蛇，当时人们认为看到双头蛇的人很快就会死去，于是他赶紧把它打死埋起来，怕别的人再看到。回家后哭着对母亲说："我听说看到两头蛇就会死，恐怕没法侍奉您了。"母亲说："有阴德的人一定会有报偿。你怕其他人再看到两头蛇，把它埋了，这是阴德，所以你不会死的。"后来孙叔敖果然活得很健康，还做了大官。

zhāng tāng qiǎo dǐ　　dù zhōu shēn kè
张汤巧诋，杜周深刻。

【典故】

张汤巧诋：巧诋，指巧妙地用法律文辞来诋毁他人。《史记·酷吏列传》记载：西汉张汤为人奸诈，善于逢迎上司的旨意。他被任命为全国最高司法长官——廷尉，受武帝宠信，剪除豪强毫不手软。

办理案件时，如果被判有罪的是豪强，张汤就玩弄语言技巧，加重他的罪名，将其诛灭；如果有罪者是贫穷人家出身，张汤就想办法为他开脱。另外，张汤也很会琢磨皇帝的心思，如果皇帝想要治某人的罪，张汤就派做事严酷的下属去审理；如果皇帝想要宽恕那个人，张汤就派平和宽容的下属去审理。

杜周深刻：深刻，意为苛刻、严峻，不做现代"透彻、深入"的含义理解。《史记·酷吏列传》记载：杜周做法官，外表持重宽和，内心苛刻，在整治盗贼和审理桑弘羊、卫皇后亲属案件的过程中，严峻苛刻。在他担任太尉期间，被治罪的人数以万计，而且一贯坚持用重罪惩治罪犯，被人们称为"酷吏"。

sān wáng yǐn jīng　èr bào jiū tè
三 王 尹 京， 二 鲍 纠 慝。

【典故】

三王尹京：三王，指王尊、王章、王俊，三人都是西汉大臣。尹京，指做京城府尹，"尹"本是官名，首都长安及周边地区的行政长官，这里用作动词。《汉书·王贡两龚鲍传附王骏传》记载：王骏被汉成帝任命为京兆尹，工作非常称职，政绩卓著。自汉宣帝以来，除了王尊、王章与王骏外，出色的京兆尹还有赵广汉、张敞。京城的百姓都说："前有赵、张，后有三王。"

二鲍纠慝：纠慝，此处意为纠察邪恶之事。《后汉书·申屠刚鲍永郅（zhì）恽（yùn）列传》记载：汉光武帝任命鲍永为司隶校尉，负责监察京城周边各郡及公卿大臣，鲍永又任命鲍恢做自己的助手。两人都敢于检举贵戚大臣的不良行为，并予以坚决惩处，汉光武帝因此曾经对外戚们说："姑且收敛些吧，要躲开二鲍啊。"

sūn kāng yìng xuě　　　chē yìn jù yíng
孙 康 映 雪 ， 车 胤 聚 萤 。

【典故】

孙康映雪：《初学记》引《宋齐语》记载：西晋的时候，有个年轻人叫孙康，他家境贫寒，买不起蜡烛、灯油，但勤于学习，一刻都不肯放松。甚至在大冬天的晚上借助月光照在雪地上的反光来读书，最终飞黄腾达，官至御史大夫。

车胤聚萤：《续晋阳秋》记载：车胤勤学，家里买不起灯油和蜡烛，夏天晚上就用纱袋装着萤火虫来照明。后来车胤学有所成，成为朝廷重臣。

lǐ chōng sì bù　　　jǐng chūn　　wǔ jīng
李 充 四 部 ， 井 春 "五 经" 。

【典故】

李充四部：李充，东晋有名的大学问家，博览群书。《晋书·李充传》记载：东晋初，朝廷藏书混乱，李充任著作郎，将图书分为四个类别：经、史、子、集四类，按类归纳，去除其中重复的书籍，很有条理。后来秘书省将李充的分类法定为制度，长期遵行，历朝历代的图书整理都沿用李充发明的这种分类方法。

井春"五经"：井春，即东汉的学问家井丹，字大春。五经，指儒家的五部经典《易》、《书》、《诗》、《礼》、《春秋》。《后汉书·逸民列传》记载：井丹精通五经，又善于言谈，所以京师的人都说："五经纷纶井大春（擅长论辩五经要数井大春）。"他性情清高，从来不肯拿着名帖去拜访别人。

gǔ yǒng bǐ zhá　　gù kǎi dān qīng
谷永笔札，顾恺丹青。

【典故】

谷永笔札：笔札，指纸笔，这里代指文采、擅长书信写作。《汉书·游侠传》记载：西汉末年，外戚王氏掌权，王家一门就有五个人被封侯，世称"五侯"。当时谷永（字子云）和楼护（字君卿）都是五侯家中的贵客，民间将两人相提并论，说："谷子云笔札，楼君卿唇舌。"意指谷永擅长文辞，楼护则擅长言谈。

顾恺丹青：丹青，"丹"和"青"是我国古代绘画常用的两种颜色，这里借指绘画。《晋书·顾恺之传》记载：顾恺之博学有才气，说话幽默，特别擅长绘画，尤其善画人物。当时人说顾恺之有三绝：才气过人、精于绘画、时不时办傻事。

后人摹本顾恺之传世名作《女史箴图》（局部）

dài kuí pò qín　　xiè fū yìng xīng
戴逵破琴，谢敷应星。

【典故】

戴逵破琴：戴逵，东晋人，多才多艺，尤其擅长弹琴，为人非常有骨气。《晋书·戴逵传》记载：武陵王司马晞（xī）听说戴逵很擅长弹琴，想让他为自己表演，就派使者去宣召戴逵。戴逵听说后，当着使者的面把琴摔碎，并说："我戴逵不是你们王府家里的伶人（乐师）！"

谢敷应星：应星，古代的一种迷信观念，认为天上的星辰与人间著名的人物有对应关系。《续晋阳秋》记载：会稽人谢敷隐居在若耶山十多年，朝廷几次征召他去做官，都不肯去。天上的少微星又叫处士星，一次月亮运行到少微星的区域，占卜的人认为对处士不利，有个处士要归天。当时戴逵声望很高，有人担心要应验在他身上，谁知不久谢敷去世了。会稽人因此嘲笑戴逵说："吴中高士，便是求死不得死（吴郡的高士啊，想死都死不了）。"

ruǎn xuān zhàng tóu　　bì zhuó wèng xià

阮宣杖头，毕卓瓮下。

【典故】

阮宣杖头：阮宣，即阮籍的儿子阮修，西晋名士。《晋书·阮籍传》记载：阮修喜欢研究《易经》、《老子》，擅长清谈。他经常在外出散步时预先准备一百钱挂在手杖头上，作为酒资，到了酒馆，就自己喝个痛快。阮修性情旷达，即使是遇到当世的大人物，也不肯上前参拜；家里没有存粮，也不当回事。

毕卓瓮下：《晋中兴书》记载：西晋时，吏部郎官毕卓嗜酒如命。有一次邻居家新酿了一大坛子酒，毕卓趁着酒醉，夜里拿着酒壶到邻居家的酒瓮里面去打酒喝。主人家以为是来了小偷，就把毕卓抓住捆绑起来。后来得知他是吏部郎官，才将他放了。毕卓被释放后，又拉着邻家的主人在瓮旁边喝酒，一直喝到烂醉如泥才告辞离开。

wén bó xiū biē　　mèng zōng jì zhǎ
文伯羞鳖，孟宗寄鲊。

【典故】

文伯羞鳖：文伯，指鲁国大夫公父文伯，为人小气抠门，不识大体。《国语·鲁语》记载：有一次，公父文伯请南宫敬叔饮酒，特意请来露睹父作陪。上菜时，有一盘菜是鳖，鳖的个头比较小，露睹父看到后很不高兴地说："等鳖长大了再吃吧。"说完就站起来走了。公父文伯的母亲听说后，生气地说："我常听老人说：'祭祀祖先的时候要恭恭敬敬地让祖先吃好喝好，宴请宾朋的时候要诚心诚意地让客人吃好喝好。'一只鳖算得了什么，竟然让尊贵的客人怒气冲冲地拂袖而去，我们家的脸面都让你丢尽了。"于是将公父文伯赶出了家门。

孟宗寄鲊：鲊，是一种用盐和红曲腌的鱼。《三国志·吴书·三嗣主传》注引《吴录》记载：孟宗做监管鱼池的小官时，自己亲自结网捕鱼，腌成咸鱼寄给母亲吃。母亲让人将鱼送了回来，还写了一封信说："你现在身为管理鱼池的官员，寄咸鱼给自己的母亲，这是一点都不懂得避嫌的道理啊！"

shǐ dān qīng pú　　zhāng zhàn bái mǎ
史丹青蒲，张湛白马。

【典故】

史丹青蒲：青蒲，借指皇帝居住的内庭，不是帝王亲信难以接近。《汉书·王商史丹傅喜传》记载：汉元帝晚年重病的时候，对太子很不满，想要立另外一个儿子定陶王为太子，皇后、太子都很惶恐忧虑，但却想不出一点办法。史丹是元帝非常信任的大臣，有资格在元帝身边照顾，他趁皇帝一个人休息的时候，进入皇帝卧室，跪在青色蒲草编织的垫子上，哭着说："皇太子是您的嫡长子，立为太子已经十几年，全国臣民都知道，而且也拥护他。现在有人想要动摇太子的地位，假如真有这种事，公卿以下的臣子们一定会以死谏争，不肯奉诏。我请求您先赐我死，以此警示群臣。"元帝被史丹感动，接受了他的建议，太子的地位得以巩固，后来登基即位为汉成帝。

张湛白马：《后汉书·宣张二王杜郭吴承郑赵列传》记载：汉光武帝上朝时，偶尔会有倦怠厌烦的神色，张湛就出面劝谏，指出光武帝的过失。张湛平时骑一匹白马，光武帝每当远远看见他，总说："白马先生又要劝谏我了。"

yǐn zhī gǎn lín　　wáng xiū chuò shè
隐 之 感 邻 ， 王 修 辍 社 。

【典故】

隐之感邻：《世说新语·德行》记载：东晋贫士吴隐之对母亲极其孝顺，父母去世以后，常常哀痛得大声嚎哭，路过的行人都被感动得落泪。隔壁家太常韩康伯的母亲每次听到吴隐之的哭声，都停下筷子吃不下饭，为他的孝心感慨流泪。并对儿子说："以后如果你有选拔官员的权力，一定要推荐像吴隐之这样的人。"后来韩康伯做了吏部尚书，果然推荐吴隐之做了官。

王修辍社：王修，三国时期魏国名士，人极为聪颖。《三国志·魏书·王修传》记载：王修七岁的时候，母亲在社日（祭祀社神的日子）这天去世。到了第二年社日，王修想起母亲，不由得哭了起来，非常哀痛。乡邻听到他的哭声，也为之伤感，甚至取消了祭祀社神的活动。

ruǎn fàng bā jùn　　jiāng quán sì xiōng
阮放八隽，江泉四凶。

【典故】

　　阮放八隽，江泉四凶："八隽"即"八俊"，东汉时才能突出、有德望的八个人物。四凶，指不服从舜的统治的四个部落首领。《晋书·羊曼传》记载：西晋的阮放性格旷达，不拘小节，人称"宏伯"；他与郗鉴（方伯）、胡毋辅之（达伯）、卞壶（裁伯）、蔡谟（朗伯）、阮孚（诞伯）、刘绥（委伯）、羊曼［鬙（tà，放纵豁达）伯］等七个人加在一起正好是八个人，被称为"兖州八伯"，有人把他们比作东汉的"八隽"。同时兖州还有江泉等四个缺点很显著的人：江泉因能吃被称作"谷伯"，史畴因太胖被称为"笨伯"，散骑郎张嶷因为狡猾、喜欢耍手段被称为"猾伯"，羊聃因为狼戾被称为"琐伯"，合称为"四伯"，用以比拟尧时的"四凶"（四个著名的恶徒）。

huá xīn wǔ zhǐ　　chén qún cù róng
华歆忤旨，陈群蹙容。

【典故】

　　华歆忤旨，陈群蹙容：忤旨，指违逆君主的意愿。蹙容，指愁眉苦脸。《三国志·魏书·华歆传》裴松之注引华峤《谱叙》记载：魏文帝曹丕接受汉献帝禅让，当上皇帝，大臣都获得了封爵，只有华歆在参加禅让仪式时神色悲伤，曹丕对此很不高兴，将他的职位由相国降至司徒，也没有赐予爵位。这件事让魏文帝记挂了很久，后来他问另一位大臣陈群："我当上皇帝，群臣都很高兴，只有你和相国（指华歆）表现得很不高兴，这是什么缘故?"陈群跪下说:"我和相国都曾是汉朝的臣子,您受禅称帝,灭亡汉朝,我们纵使心里高兴,忠于汉朝的情绪也会表现在脸上。"

wáng jùn xuán dāo　　dīng gù shēng sōng

王 濬 悬 刀 , 丁 固 生 松 。

【典故】

王濬悬刀:《晋书·王濬传》记载:王濬做广汉太守时,梦见房梁上吊着三把刀,后来又增加了一把。王濬立刻被吓醒,感觉梦见刀是不好的兆头,非常烦恼。他的主簿(官名,掌管文书,参与机要)李毅得知后,却祝贺他说:"三把刀可以看成一个'州'字,后来又增加了一把,可以说是增益,'益'和'州'一起出现,您大概是要做益州刺史吧?"不久,益州刺史皇甫晏在平叛中被杀,王濬果然被任命为益州刺史。

丁固生松:《三国志·三嗣主传》注引《吴书》记载:丁固做尚书时,梦见肚子上长了一棵松树,醒来对人解嘲说:"松字可以拆成'十八公',难道是说十八年以后,我能做到三公吗?"后来果然官至司徒,与梦完全符合。

jiāng wéi dǎn dǒu　　lú zhí yīn zhōng

姜 维 胆 斗 , 卢 植 音 钟 。

【典故】

姜维胆斗:《三国志·蜀书·姜维传》裴松之注引郭颁《世语》记载:蜀汉大将军姜维死后,肚子被人剖开,有人看见他的胆有量米的斗那么大。其实胆这个器官很小,不可能真的有斗大,但古人相信胆的大小与胆量有关,姜维屡次与魏交战,又在蜀汉亡国后劝说魏将钟会自立，想要趁机恢复蜀汉政权，是当时公认的很有胆略的人物，所以有人编造出这样的传说来。

卢植音钟：《后汉书·卢植列传》记载：东汉大臣卢植身高八尺二寸，说话时的声音像钟声一样洪亮。

huán wēn qí gú　　dèng ài dà zhì

桓温奇骨，邓艾大志。

【典故】

桓温奇骨：《晋书·桓温传》记载：东晋权臣桓温刚出生时，名士温峤来家中拜访，看到桓温，就对他的父亲桓彝说："这个孩子骨相（古人相信通过骨骼能看出人的命运，称为骨相）奇特，您让他哭两声让我听听。"等听到哭声，又说："真是杰出的人物。"桓彝听到温峤这样说，非常高兴，就想用温峤的姓来给孩子取名。温峤笑着说："真这样做的话，将来我要改姓了。"古人为显示对尊者贤者亲者的尊敬讲求避讳，如汉明帝名叫刘庄，于是东汉人就改"庄"为"严"，庄子称为严子，庄助称为严助，等等。温峤这样说，暗示他认为桓温长大后将做出非凡的事业。桓温长大娶了晋明帝的女儿，官至大司马大将军，曾经三次率军北伐。

邓艾大志：《三国志·魏书·邓艾传》记载：邓艾年轻时家境贫寒，因为口吃的缘故没法担任要职，便被派去做了一个守稻田的小吏，同事的父亲怜惜他穷困，送给他很多财物，邓艾并未因此称谢，这是他不拘小节的表现。每次看到高山大泽，邓艾总是独自规划何处可以扎营、何处可以布防，很多人都笑话他。后来邓艾做了典农校尉的主簿（秘书长），到京城去汇报工作，太尉司马懿非常器重他，征辟他做自己的幕僚，升迁为尚书郎，逐渐成为曹魏后期的重要将领。

yáng xiū jié duì　luó yǒu mò jì
杨修捷对，罗友默记。

【典故】

杨修捷对：捷对，思维敏捷，善于应答。《后汉书·杨震列传附杨修》：杨修曾为曹操主簿。有次杨修外出，估计曹操将有事要问，提前写出回答文辞，告诉守门人，如丞相有教令来问，即按书写的次序来回答。后来果如杨修所料。这样几次以后，曹操对杨修心怀畏忌，又因杨修为袁术的外甥，怕有后患，就找机会把他杀掉了。

罗友默记：《世说新语·任诞》记载：东晋人罗友的记忆力非常好，他随桓温征讨蜀地的割据政权成汉，将蜀中的重要建筑名目方位、道路宽窄、果树竹林都记在心里。很久之后，桓温和太宰司马昱（即日后的简文帝）聚会，宴席上谈起蜀中风光，有些细节记不清了，参加宴会的罗友就一一补充说明。桓温很惊奇，命部下将蜀地的《城阙簿》（记载各城市建筑及其他情况的册子）取来核对，罗友所说与事实全都相符，在座的人没有一个不佩服的。

dù kāng zào jiǔ　cāng jié zhì zì
杜康造酒，仓颉制字。

【典故】

杜康造酒：《说文解字·巾部》记载：夏代帝王少康也叫杜康，他发明了簸箕、扫帚，并首先用秫（shú，最初指有黏性的谷物，后专指高粱）造酒。《世本》也说："杜康造酒。"

仓颉制字：《说文解字·叙》记载：

仓颉像

黄帝的史官仓颉（有的书写作"苍颉"）通过观察鸟兽的足迹，看到足迹纹理的差异，创造出最初的文字。实际上，文字很难说是具体某个人的发明，而应当是劳动人民集体智慧的结晶。

chǔ lǐ zhì náng biān sháo jīng sì
樗里智囊，边韶经笥。

【典故】

樗里智囊：《史记·樗里子甘茂列传》记载：秦惠王有个同父异母的弟弟名叫疾，被封在樗里这个地方，所以通常称为"樗里子"或者"樗里疾"。樗里子能言善辩，足智多谋，所以秦国人都称他为"智囊"，曾担任秦武王时期的丞相。

边韶经笥：笥，古代一种盛放衣服或食物的方形竹箱。《后汉书·文苑列传》记载：东汉文人边韶（字孝先）曾经白天打盹，他的学生写了顺口溜嘲笑他说："边孝先，腹便便（pián，形容肥胖的样子），懒读书，但欲眠。"边韶看到后，也写了一首回击："边为姓，孝为字；腹便便，五经笥；但欲眠，思经事。寐与周公通梦，醒与孔子同意。师而可嘲，出何典记？"据说嘲笑他的人听了都很惭愧。"大腹便便"这一形容肥胖的成语也出自边韶的故事。

téng gōng jiā chéng wáng guǒ shí yá
滕公佳城，王果石崖。

【典故】

滕公佳城：《博物志》记载：西汉开国功臣滕公夏侯婴去世后，家人用车子运送他的棺木去墓地，走到半路，拉车的马忽然停下，用蹄子刨地。送葬的人很奇怪，就把马所刨的那块土地挖开，下面是一座石头砌造的墓室，还有一块刻字的石头，上写："郁郁佳城，三千年见白日，吁嗟（jiē）滕公居此室。"意为："这里是个好地方，三千年以后重见天日，哎呀，滕公要葬在这里了。"夏侯婴的家人果然就把夏侯婴葬在了石室中。自此以后，"佳城"就成了坟墓的代称。

王果石崖：《稽神录》记载：唐朝的左卫将军王果被贬到雅州（今四川雅安）做刺史，乘船沿江而行。路上有一次停船时，仰头看见岩壁洞穴中有一具棺木，露出一半在空中，王果觉得很奇怪，就爬到山崖上去看，上面有一块刻字的碑，写着："欲堕不堕逢王果，五百年中重收（意指埋葬）我。"王果非常惊讶，说："原来我埋葬这个人和被贬到雅州，都是命中注定的啊。"于是就将棺木重新埋葬后才离开。

mǎi qī chǐ jiào　　zé shì fàn zhāi
买妻耻醮，泽室犯斋。

【典故】

买妻耻醮：买，指朱买臣，西汉人。醮，古代加冠或婚娶时的一种敬酒礼仪，后来成为结婚的代名词。耻醮，以再嫁为耻，旧称女子再嫁为再醮。《汉书·朱买臣传》记载：朱买臣早年贫穷，到四十多岁时还以卖柴为生，而且一边在街上走一边背书，他的妻子感觉很羞耻，再三劝丈夫不要这样，朱买臣却背得更起劲了。后来朱买臣的妻子实在难以忍受，就与丈夫断绝关系，另嫁了一个男人。过了几年，朱买臣做了家乡的太守，回来任职，看见前妻和她现在的丈夫在为自己打扫街道，就让他们坐上随从的车，住到太守府的后园里去，供给他们每天的饮食。过了一个月，朱买臣的前妻羞愧难当，上吊自杀了，朱买臣又给她丈夫钱来安葬她。

泽室犯斋：室，本义是房屋，后来以其代指妻子。斋，即斋戒，古人要求祭祀宗庙前必须遵守一系列戒律，名为斋戒。《后汉书·儒林列传》记载：汉明帝时，周泽被任命为太常，主管宗庙事务。周泽举止恭敬，行为清白。有一次，周泽病了仍然坚持在太庙斋戒，主持祭祀。他的妻子担心丈夫年老体弱，身体受不了，偷偷来看望他，周泽看到妻子勃然大怒，认为触犯了斋宫的禁令，于是把妻子送到监狱，并向皇帝请罪。

mǎ hòu dà liàn　　mèng guāng jīng chāi
马后大练，孟光荆钗。

【典故】

马后大练：大练，白色熟绢制成的衣服。《后汉书·皇后纪》记载：汉明帝的妻子马皇后极其节俭，平日只穿用粗绢织成的衣服。每个月的初一、十五，按照汉朝的制度，妃子和公主们都要去朝见马皇后，皇后的衣物纹理粗疏，妃子和公主们在远处看见，都以为是用另一种轻薄透亮的贵重丝绸裁制的，走近了才看出是粗绢衣服，有些妃子偷偷笑起来。马皇后不愿特意显示自己的俭朴，只说："这种绢好染色，所以用它做衣服。"妃子们和公主们顿时对她肃然起敬。

孟光荆钗：荆钗，指荆木做成的钗子。《后汉书·独行列传》记载：东汉人梁鸿娶了同乡的女子孟光为妻，孟光出嫁时，穿着新娘的美丽服饰，梁鸿看到后一直不与她说话。结婚第七天，孟光恭敬地问梁鸿："我听说您道德高尚，推掉了好几门亲事，现在您和我结为夫妇，如果我有什么做得不对的地方，希望您能告诉我。"梁鸿说："我希望找一个能和我在山中隐居的妻子，你打扮得这样漂亮，不是我所期望的。"孟光于是换上从家中带来的粗布衣裙，挽起最简单的发髻，开始操持家务。梁鸿这才高兴起来，赞叹道："这才是我梁鸿真正的妻子啊！"

yán shū bǐng zhú　　sòng hóng bù xié
颜叔秉烛，宋弘不谐。

【典故】

颜叔秉烛：《诗经·小雅·巷伯》的《毛传》记载：古代有一个叫颜叔子的人，独自住在一间木屋里，他的邻居是一个独居多年的寡妇。有一天夜里风雨大作，寡妇的房子垮塌了，跑到颜叔子家里来请求暂时容身。颜叔子觉得孤男寡女夜里同在一个房间里容易惹来嫌疑，让寡妇进屋后就给她一个火把，让她举着，以表示屋内没有不可告人的事情。天快亮时，火把也要烧光了，颜叔子就拆房子的木料来继续点燃，直到天亮。

宋弘不谐：不谐，指不成功。《后汉书·伏侯宋蔡冯赵牟韦列传》记载：汉光武帝的姐姐湖阳公主丧偶，光武帝想要为姐姐再找一个丈夫，就和公主谈论朝臣，以观察她的想法。在谈到大司空宋弘时，湖阳公主说："宋公无论威仪、容貌、品德、才器，都是群臣比不上的。"后来宋弘进宫与光武帝见面，光武帝让湖阳公主坐在屏风后面，自己问宋弘："我听说有句话是'显贵了要换朋友，富裕了要换妻子'，这符合人情吗？"宋弘说："我听说贫贱时的朋友不可忘却，一起经历困难的妻子不能离异。"光武帝回过头，对湖阳公主说："事不谐矣（这事办不成了）。"

dèng tōng tóng shān　　guō kuàng jīn xué
邓通铜山，郭况金穴。

【典故】

邓通铜山：《汉书·佞幸传》记载：汉文帝非常宠爱近臣邓通，有人给邓通相面，说他将来会贫穷饥饿至死，汉文帝说："让邓通富贵,是我一句话的事,你怎么说他会贫困呢?"于是文帝赐给邓通蜀中的一座铜矿山,允许他私家采铜铸钱,当时邓家铸的钱在天下流通。文帝去世后,儿子景帝即位,景帝当太子时就不喜欢邓通,于是借着一起非法铸钱的案件没收了邓通的家产,邓通靠长公主赐予衣食才得以勉强活命,最终死在别人家里。

郭况金穴:《后汉书·皇后纪》记载:汉光武帝郭皇后的弟弟郭况被任命为大鸿胪(古代掌管诸侯及少数民族事务的官职),光武帝和明帝经常赏赐他黄金、铜钱和绸缎,以致郭况家的财富无人能比。当时在京城洛阳的居民都称郭家为"金穴",即金矿洞。

qín péng pān yuán　　hóu bà wò zhé
秦彭攀辕,侯霸卧辙。

【典故】

秦彭攀辕:《文选》李善注引《东观汉记》记载:东汉官员秦彭勤于政务,每到一处都兴利除弊,奖励耕织,大力发展教育,老百姓安居乐业。当朝廷要他从山阳太守调任为颍川太守时,当地老幼攀着他的车辕,扣住马头,痛哭流涕,不肯让他离开。

侯霸卧辙:辙,指车轮印。《后汉书·伏侯宋蔡冯赵牟韦列传》记载:王莽执政时,侯霸被任命为淮平大尹(即临淮太守,王莽时改名),王莽败亡后,更始帝刘玄派使者到临淮郡,命令侯霸到京城去任职。临淮郡的百姓感念侯霸在当地做了很多好事,纷纷出面挽留,有的甚至躺在大路上,以阻挡侯霸和使者的车辆走过。

chún yú zhì guǒ   yàn guó tǔ xiè
淳于炙辊，彦国吐屑。

【典故】

淳于炙辊：辊，马车上盛油膏的器皿，马车轮轴需要润滑时，以火烘烤辊，油膏融化后流到轮轴上，可以润滑车轴，称为"炙辊"。《史记·孟子荀卿列传》记载：战国时，齐国人淳于髡（kūn）博闻强记，精通多门学问，并且口才特别好，与梁惠王交谈三天三夜，也不知道疲倦。当时齐国著名的学者有邹衍、邹奭（shì），邹衍言论广博宏大而善辩，邹奭能提出很多具体策略，但都难以实行。淳于髡长期和他们在一起，也不时能说出一些精妙深奥的话来。齐国人都说："邹衍擅长谈论天道的学问，邹奭的言论像是雕龙一样好看而无用，淳于髡说起话来，像是烘热了的车辊不断流油一样滔滔不绝。"

彦国吐屑：彦国，东晋的胡毋辅之，字彦国。《晋书·胡毋辅之传》记载：晋朝名士王澄曾经给人写信，评价他的朋友胡毋辅之说："彦国吐佳言如锯木屑，霏霏不绝，诚为后进领袖也（胡毋辅之说话时，精彩的言论就像锯木头时的木屑一样不断落下，真是年轻一代中的领袖人物啊）。"

tài zhēn yù tái   wǔ zǐ jīn liè
太真玉台，武子金埒。

【典故】

太真玉台：《世说新语·假谲（jué）》记载：东晋大臣温峤（字太真）丧妻后，姑姑托他为自己的女儿找一门亲事，温峤想娶表妹为妻，又不好直接开口，就对姑姑说："找一个像我这样的如何呢？"姑姑回答道："现在遭了大难，只要能凑合活着，我就已经满意了，哪敢指望像你一样的女婿?"于是温峤就捏造了一个假的对象，以此人的名义送去一枚玉质镜台作为聘礼，把表妹娶了过来。

武子金埒：埒，指跑马射箭场地周围的矮墙。《世说新语·汰侈》记载：西晋大臣王济（字武子）性情豪奢，喜好骑马射箭，因为得罪了晋武帝，被免职，就搬家到洛阳郊外的北邙山居住。当时京城人多地贵，王济买了一块地供跑马射箭用，在周边建起矮墙，所花的钱相当于把铜钱穿成串紧挨着摆在地上，直到四周的墙根下。时人都说王济建造的是"金埒"。

wū mǎ dài xīng　　fú jiàn dàn qín
巫马戴星，宓贱弹琴。

【典故】

巫马戴星，宓贱弹琴：《说苑》记载：春秋时期的宓不齐（字子贱）曾被任命担任单父（今山东单县）的地方长官，他每天都坐在正堂弹琴，不出门处理公务，单父却也治理得不错；后来，巫马期来接替他的职位，每天早晨天不亮就出门办公事，忙到月亮星星出来才回家，单父被治理得也挺好。后来巫马期问宓子贱说："为什么同样是治理单父，我那么辛苦，你却那么悠闲?"宓子贱回答："我是靠委任其他人才来做事，你是靠自己勤劳来做事。能委任人才的人悠闲，靠自己勤劳做事的人辛苦。"

hǎo lián liú qián　　léi yì sòng jīn
郝廉留钱，雷义送金。

【典故】

郝廉留钱：《风俗通义》记载：东汉郝子廉贫穷却有气节，有时饿了没有饭吃，冷了没有衣服穿，但他仍然不随便接受别人的馈赠。有一次他去姐姐家吃饭，吃完后把钱偷偷留在坐席下面。走路时渴了，从井里取水喝完，还要投一枚钱到井里。

雷义送金：《后汉书·独行列传》记载：东汉人雷义做本郡的功曹（郡守、县令的助手）时，曾经帮助一个人免除死罪，这个人非常感激，给他送来两斤黄金作为谢礼。雷义不肯接受，受帮助的人被拒绝后也不肯把金子带回，就偷偷将黄金藏在雷家的承尘（古代架在房梁上挡灰的木板，类似今天的天花板）上。后来雷家修理房屋，在承尘上找到黄金，但当时送金子的人已经去世，雷义就把黄金交到了县衙。

féng méng guà guān　　　hú zhāo tóu zān
逢 萌 挂 冠， 胡 昭 投 簪。

【典故】

逢萌挂冠：挂冠，解下帽子挂在某处，是辞官的代称。《后汉书·逸民列传》记载：西汉末年，王莽执掌朝廷大权，不让汉平帝与生母卫氏相见。王莽的长子王宇怕此举会遭平帝报复而反对。王宇的老师吴章建议他用怪事吓唬王莽，再借此请求还政卫氏。王宇便让内兄吕宽半夜把狗血洒在王莽府邸门口，不料却被发现。王莽一怒之下，把王宇逮捕入狱并用毒酒毒死。逢萌当时正在长安游学，听说此事后，就对朋友说："礼法纲纪已经被毁灭了，如果不离开这里，将来恐怕要陷入灾难。"于是他把帽子解下来挂在长安城东门外，带着家人渡海到辽东郡，寄居在那里。

胡昭投簪：《三国志·魏书·袁张凉国田王邴管传》记载胡昭是汉末魏初的名士，起初袁绍想要征召他做自己的幕僚，却被他婉拒；后来，曹操仰慕他的大名派人到山里去请他，他不肯出山，始终隐居在陆浑山中，躬耕力学。他的好友称赞他高洁的品行说："投簪卷带，韬声匿迹。"意为扔掉束发的簪子，卷起腰带，掩盖自己的名声，以此隐匿行迹。

wáng qiáo shuāng fú　　huá tuó wǔ qín

王 乔 双 凫， 华 佗 五 禽。

【典故】

王乔双凫：《后汉书·方术列传》记载：王乔做叶县县令时，每月的初一、十五都到京城洛阳朝见皇帝。皇帝对他能这样频繁地前来朝见感到奇怪，又从来没有见过他来京所乘的车马，就让太史秘密观察。太史发现王乔将要到京城时，总有两只野鸭从东南飞来，于是派人捕捉。野鸭被网扣住以后，变成了一双鞋，正是王乔做尚书郎时皇帝赐给他的鞋子。当时人都传说王乔会仙术，也有人说他就是古代的仙人王子乔。

华佗五禽：五禽，指五禽戏，古代一种模仿鸟兽动作的体操。《三国志·魏书·方技传》记载：东汉末年名医华佗对学生吴普说："我有一种名为五禽戏的体操，模仿虎、鹿、熊、猿、鸟五种动物的动作，可以用来治病，还可以让腿脚轻健。如果身体感觉不舒服，起来做完五套动作中的一套，让身体出汗，身体就会感

明代正德末年（1565）武状元罗洪先所撰《仙传四十九方》中绘制的五禽图

觉轻松，也会产生食欲。"吴普照着华佗所教的去做，到了九十多岁还耳聪目明，牙齿完健。

chéng miǎo lì shū   shǐ zhòu dà zhuàn
程 邈 隶 书 ，史 籀 大 篆 。

【典故】

东汉隶书碑刻《韩仁铭》碑文（局部）

程邈隶书：《书断》记载：秦朝人程邈犯了罪，被关押在监狱中。他借着这段时间，仔细研究小篆字体，花了十年工夫，在小篆的基础上创造出一种化圆为方的新字体，一共三千字，进献给秦始皇。这种字体很快在官府应用起来，官府中的低级官吏（隶）用这种字体写文书，所以称为"隶书"。

史籀大篆：《书断》记载：大篆这种字体是周宣王时的太史籀创造的，所谓"篆"，就是"传（传承、传达）"的意思。篆字能够传达各个字所代表的事物蕴含的道理，而且随着运用会有无穷的变化。

wáng chéng yú dào   bǐng jí niú chuǎn
王 承 鱼 盗 ，丙 吉 牛 喘 。

【典故】

王承鱼盗：《晋书·王承传》记载：晋朝人王承做东海太守时，郡中的小吏有偷官府所养的鱼的，郡衙的主簿想要定小吏的罪，王承说:"从前周文王连园林都和民众共享,鱼塘里的鱼又算得了什么呢?"可见王承处事宽厚仁爱。

丙吉牛喘:《汉书·丙吉传》记载:汉宣帝时丞相丙吉出行,看到有人斗殴造成死伤,并不在意,听到路边的牛喘息,反而让人问牛主:"你赶着牛走了多远啊?"有人讥讽丙吉不担心民众死亡,却担心牛喘,丙吉说:"百姓斗殴,这是京兆尹所应该管的。现在还是春季,并不太热,如果牛是热得发喘,那么就是时令不正了,预示着国家将有灾异发生。我身为三公之一,职责是协和阴阳,怎么能不担心呢。"

jiǎ cóng qiān wéi　　guō hè lù miǎn

贾琮褰帷,郭贺露冕。

【典故】

贾琮褰帷:褰帷,指掀起帷幔。《后汉书·郭杜孔张廉王苏羊贾陆列传》记载:东汉官员贾琮被任命为冀州刺史,到任时,驿站按照惯例,为他准备了一辆挂着红色帷幔的马车来迎接他。贾琮上车后,说:"刺史应该增广自己的见闻,纠察各地官员的得失善恶,怎么能垂下帷幔,遮蔽自己的视线呢?"于是命驾车的人把帷幔掀起来。冀州各县官员听到贾琮这样说,都受到震动,那些贪赃枉法的官员怕被纠察出来,都自行离职了。

山东博物馆藏明代鲁荒王九旒(liú玉串)冕

这件九旒冕是唯一一件存世的古代冕服实物。所谓旒冕,指的是前后垂有玉串的礼冠,以玉串的材质和数量区分等级的高低。明代亲王垂九道旒,天子垂十二道旒。

郭贺露冕:露冕,指露出礼帽。冕,是古代礼服中的帽子。《后汉书·伏侯宋蔡冯赵牟韦列传》记载:东汉初年,郭贺调任荆州刺史，在任政绩非常出色，深得百姓的拥护。汉明帝到南阳（汉时属荆州）巡视，对郭贺的政绩很是赞赏，就赐给他三公的礼服，让郭贺到下属各郡县巡视时穿上，并撤去车子的帷幔，以便老百姓能够看到他的服饰，借以表彰他的美德。

féng yuán dǎng xióng　　bān nǚ cí niǎn

冯媛当熊，班女辞辇。

【典故】

冯媛当熊：当，通"挡"，挡住。《汉书·外戚传》记载：汉元帝带着妃子去看斗兽，熊突然从牢笼中跑了出来，宠妃们都吓得逃跑，只有冯婕妤（jié yú，宫中嫔妃的称号）挡在元帝身前，与熊正面相对。随从将熊杀死后，元帝问冯婕妤："大家都很害怕，你怎么偏偏要冲到前面呢？"冯婕妤说："猛兽捕捉到人就会停止向前，我怕熊伤害到您，所以要挡在前面。"元帝从此对冯婕妤格外敬重。

清人绘班婕妤像

班女辞辇：《汉书·外戚传》记载：班婕妤非常受汉成帝宠爱。成帝在后宫游玩，让班婕妤上自己的车，班婕妤说："我看过古代的图画，圣贤君主身边都是名臣，只有亡国之君身边画的才是嫔妃。我和您如果同辇，是不是和后一种情况有些像呢？"成帝认为她说得好，就打消了念头。

wáng chōng yuè shì　　dǒng shēng xià wéi
王 充 阅 市 ，　董 生 下 帷 。

【典故】

王充阅市：《后汉书·王充王符仲长统列传》记载：东汉学者王充年轻时，家境贫困，但喜好读书。他在洛阳太学学习时，由于买不起书，就常到洛阳的市集上去，在卖书的店铺里看书。由于他的记忆力很强，凡看过的书都能记住，日积月累就通晓了诸子百家的理论。

董生下帷：董生，指西汉大儒董仲舒。《史记·儒林列传》记载：董仲舒做博士（西汉官职名，近似皇帝的顾问，也有教导学生的职责）的时候，专心研究学术，为了集中精力讲授儒家经典，他常常将帷幔放下来遮挡视线，平时的教学则往往要靠入学早的学生向后入学的学生授课。他三年没有到园中看景色，甚至有的学生从未见过董仲舒的面。在朝堂或是在家里，凡是不符合礼仪的事情坚决不做，太学中的师生都非常敬重他。

píng shū fù fěn　　hóng zhì níng zhī
平 叔 傅 粉 ，　弘 治 凝 脂 。

【典故】

平叔傅粉：何晏，字平叔，曹魏著名的玄学家。《世说新语·容止》记载：曹魏大臣何晏（字平叔）皮肤洁白，容貌也很俊美。魏明帝怀疑他在脸上扑了白粉，就想试验一下。有一次何晏入朝时，天很热，魏明帝故意赐给他一碗汤饼（古代面食，类似今天的汤面），让他当场吃下去。何晏吃完后，满面流汗，他用朝服的袖子擦了一下，面庞反而更显白净。魏明帝这才相信何晏不曾傅粉。

弘治凝脂：《晋书·外戚传》记载：东晋杜皇后的父亲杜乂

（yì）性情纯厚温和，容貌俊秀，在江东有很高的名声。王羲之见到
他之后，评价道："肤若凝脂，眼如点漆，此神仙人也（杜乂的皮肤
像凝固的油脂一样白，眼睛像漆一样黑，真是神仙一样的人物）。"

yáng shēng huáng què　　máo zǐ bái guī
杨 生 黄 雀 ， 毛 子 白 龟 。

【典故】

杨生黄雀：《搜神记》记载：东汉初有一个叫杨宝的人，他九岁
时，在华山下面救了一只受伤的黄雀，带回家一直养到黄雀羽毛长
齐、伤势复原。有一天晚上，杨宝读书到深夜，忽然有一个黄衣童
子向杨宝跪拜，说："我是西王母的使者，奉命到蓬莱山，不想被猛
禽抓伤了。您怀着仁爱之心救了我，我非常感激。"于是送给杨宝四
枚玉环，并说："这玉环能让你的子孙世代清白，而且每一代都做到
三公。"后来，杨宝的子孙四代都做到了太尉。

毛子白龟：《搜神后记》记载：东晋大将毛宝帐下有一名军人，
曾买一只白龟，养大后放回江中。后来晋军在邾城战败，这名军人
慌不择路，穿着铠甲跳入江中，眼看就要沉下去，忽然感觉脚下有
东西托住自己，因此得以渡过长江，幸免于难。等到登岸后，军人
回头看江中，托住他的正是当年放走的白龟。

sù liú cǎi sāng　　qī shì yōu kuí
宿 瘤 采 桑 ， 漆 室 忧 葵 。

【典故】

宿瘤采桑：宿瘤，丑女的代称。宿，时间长的。《古列女传·齐
宿瘤女》记载：战国时齐闵王出行，声势浩大，民众都在一旁围观，
只有一个脖子上长瘤的女子（宿瘤女）专心采桑叶，不看闵王的车

驾。闵王很奇怪，派人叫女子来，问她："你为什么不看热闹呢？"
女子回答："父母让我来采桑，没有让我看大王您。"闵王说："真
是奇女子，可惜脖子上长了瘤。"女子又说："女子持家，应该是嘱
托给她的事情就不背离，交代给她的事情就不忘却。只要问这个人
心地如何就可以了，长瘤又有什么呢？"闵王说："真是个贤明的女
子啊。"让她坐上随从的车子一起进宫。女子说："我家中有父母，
如果不接受父母在出嫁前的教诲就随您进宫，那我就成了私奔的女
子，您还要我有什么用呢？"闵王非常惭愧，于是派出使者以厚礼聘
娶宿瘤女为王后。

漆室忧葵：《琴操》记载：战国时，鲁国漆室这个地方有个女
子，靠着柱子发出悲哀的啸声。邻居问她："你是发愁自己嫁不出去
吗？为什么这样悲伤？我给你找个人家吧！"女子说："唉，你没有
志向，太不了解我了。以前楚国有人触犯了君王，逃到我的东邻，
受惊吓的马踩坏了我家种的葵菜，导致我家一年没有菜吃；西邻丢
了羊找不回来，请我哥哥去追，当时是雾天，又赶上涨水，我哥哥
淹死了，于是我从此没了兄长。这都是国政不兴造成的。我是忧虑
国家，伤心而啸，怎么你以为我是急着嫁人呢？"后来用"忧葵"
喻指担忧国事。

wéi xián mǎn yíng　　xià hóu shí jiè

韦贤满籝，夏侯拾芥。

【典故】

韦贤满籝：籝，古代指盛放物品的竹笼。《汉书·韦贤传》记
载：西汉韦贤精通儒家经典，被称为"邹鲁大儒"，一度还做过汉昭
帝的老师。汉昭帝去世以后，汉宣帝任命他做丞相，并封侯爵。做
了五年宰相后，韦贤觉得自己年纪太大，请求告老还乡，皇帝赐给

茶簏（选自《中国茶事大典》）

他百两黄金，豪宅一座。韦贤一生有四个儿子：长子做过高寝令，可惜很早就去世了；次子官至东海太守；三子留在老家给父亲守坟；小儿子韦玄成饱读诗书，才学出众受到皇帝重用，一度做过宰相。因此韦贤老家邹县流传着这样的谚语："遗子黄金满籯，不如一经（与其给孩子留下满满一笼黄金，不如教他通晓一门经书）。"

夏侯拾芥：芥，即芥子，是芥菜的种子，极小极轻，古人把容易办到的事常比喻为"拾芥"。《汉书·夏侯胜传》记载：西汉人夏侯胜精通《尚书》，以儒学闻名。他在给学生讲课时，经常说："士人怕的是不懂经学，学艺不精。如果能通晓经学，获取高官厚禄，就像捡起芥子一样容易。士人如果不懂经学，还不如回家种地。"

ruǎn jiǎn kuàng dá　　　yuán dān jùn mài

阮简旷达，袁耽俊迈。

【典故】

阮简旷达：旷达，指不拘小节。《世说新语·任诞》记载：西晋人阮简在给父亲守孝期间，冒雪出门办事。当时天气很冷，阮简到好朋友浚仪（今河南开封）县令家里去避寒，阮简不拘小节，随意取食县令为招待其他客人准备的食物，不顾忌守孝期间不应吃肉的社会习俗，最终引起社会舆论的谴责，被人告发后将近三十年未能得到做官的机会。

袁耽俊迈：俊迈，指杰出而豪迈。《世说新语·任诞》记载：东晋大臣桓温没有发迹之前，参与赌博欠下了很多赌债，他的朋友袁耽以性格豪迈、多才多艺闻名，桓温想让袁耽替自己去赌几场，挽回一些损失。当时袁耽正在服丧，按礼法不应参与类似的活动，但他听到桓温的请求后却立刻换掉丧服，把丧服的帽子塞在怀里，随桓温去赌场。债主看桓温带了一个不认识的人来替他赌博，非常轻蔑，讥笑道："你以为你是袁耽吗？"袁耽开赌后，每一局都下高达十万钱的重注，不久就为桓温赢回了上百万，于是得意地从怀中取出帽子扔在地上，说："你今天认识袁耽了吗？"袁耽豪迈、不拘小节的性格大致就是这样。

sū wǔ chí jié　　zhèng zhòng bù bài
苏武持节，郑众不拜。

【典故】

苏武持节：《汉书·苏武传》记载：苏武奉汉武帝之命出使匈奴，匈奴将他扣留，逼迫他投降，苏武不肯。于是匈奴把苏武流放到北海边（今俄罗斯的贝加尔湖），让他放牧一群公羊，说什么时候公羊生下小羊羔了，就放他回汉朝。苏武手持代表使者身份的节杖牧羊，时间长了以后，节杖上的牦牛尾都脱落了，但苏武仍未改变对汉朝的忠心。十九年后，汉朝使者来到匈奴，想方设法把苏武迎回。苏武出使时还是个壮小伙子，

清代任伯年绘《苏武牧羊》

回到汉朝时头发、胡须已经全白了。

郑众不拜：《后汉书·郑范陈贾张列传》记载：汉明帝时，匈奴派使者来请求和亲，于是明帝派遣郑众出使匈奴商议和亲事宜。匈奴单于想让郑众对他行跪拜礼，郑众不肯，单于大怒，派人把郑众拘禁起来，不给他水喝，也不提供火让他取暖，想要以此逼迫郑众屈服。郑众拔出佩刀对天发誓绝不下拜，单于怕郑众自杀，不得不改变了主意。

guō jù jiāng kēng　　dǒng yǒng zì mài
郭巨将坑，董永自卖。

【典故】

郭巨将坑：《搜神记》记载：汉代人郭巨家境贫寒，但对母亲极为孝顺。后来郭巨有了儿子，家里粮食有限，郭巨担心抚养孩子会影响侍奉老人，又怕老人把食物分给孙子，就想把儿子埋掉。当他去挖坑时，挖出一坛子黄金，上面写着"孝子郭巨，天赐黄金一釜"，于是郭家变得富裕起来，郭巨也就没有埋掉自己的儿子。

董永自卖：《搜神记》记载：董永父亲去世后，没钱下葬，于是把自己抵押给邻居，换取了一万钱。埋葬父亲之后，忽然有一个貌美如花的姑娘来找董永，主动要求做他的妻子，于是两人一起去见债主。债主让董永夫妻织三百匹细绢来还债，董永的妻子不到一个月就织完了，她告诉董永说："我是天上的织女，因为你孝顺，天帝让我来帮你偿还债务。"

zhòng lián dǎo hǎi　　　fàn lí fàn hú
仲 连 蹈 海 ， 范 蠡 泛 湖 。

【典故】

仲连蹈海：《史记·鲁仲连邹阳列传》记载：秦国围攻赵国首都邯郸，局势危急，魏国准备派客卿辛垣衍来劝说赵国尊秦王为帝（等于向秦称臣）。周游列国的鲁仲连恰好路过赵国，就去拜见辛垣衍，对他说："秦国是不讲礼义的国家，用权术驱使士人，像役使奴隶一样使唤民众，假如他称帝，会把这种行为推行到天下。我宁愿投海自杀，也不肯做他的百姓。"于是向辛垣衍详细陈述了秦王称帝的危害。辛垣衍被鲁仲连说服，从赵国离开。此时恰逢魏国的信陵君盗取魏王的兵符，率魏军救赵，赵国得以转危为安。

范蠡泛湖：《国语·越语》记载：春秋时，越国大夫范蠡帮助越王勾践灭吴后，越王感念他的功绩，想要和他平分国家。范蠡觉得越王勾践是一个可以一起共患难但不能一起同享乐的人，于是推辞了勾践的美意，改名换姓，乘了一艘小船躲进了太湖，从此不知去向。传说他后来到了齐国，定居在陶这个地方，通过经商积累了万贯家财，富可敌国，被人们称之为"陶朱公"。

wén bǎo jí liǔ　　　wēn shū jié pú
文 宝 缉 柳 ， 温 舒 截 蒲 。

【典故】

文宝缉柳：缉，编织。《文选》李善注引张方《楚国先贤传》记载：东汉人孙敬（字文宝）到洛阳太学学习，由于家境贫寒，买不起书，他就把杨柳的枝条编起来，当成竹简抄写经书。

温舒截蒲：蒲，一种水生植物，叶子可以编席子，也可以制成

用蒲做成的蒲扇

扇子，又称香蒲。《汉书·路温舒传》记载：路温舒小时候家里很穷，每天放羊他就把水边的蒲叶摘下来，截成简牍的样子，用来练习写字。后来字练成了，自己就报名去监狱做了一名小吏，在处理公务之余继续学习法律。律令学成以后，路温舒被提拔为典狱长，县里有不好处理的案件都向他询问处理意见。之后路温舒又学习《春秋》，通晓经义。汉宣帝即位后，路温舒向皇帝上书陈述治理国家的方略，得到赏识，被提拔为临淮太守，在任期间政绩卓越，深得民心。

bó dào wú ér　　　　jī shào bù gū
伯 道 无 儿 ， 嵇 绍 不 孤 。

【典故】

伯道无儿：《晋书·邓攸传》记载：晋朝人邓攸（字伯道）的弟弟很早就去世了，只留下来一个儿子。后来在战乱中，邓攸带着妻儿还有弟弟的儿子邓绥逃难。当时他的儿子和邓绥都很小，邓攸的车马又都被抢劫，只能步行，把孩子像行李一样用扁担挑着走。形势危急，邓攸本身力量又有限，为了保全弟弟的遗孤，不得已把自己的儿子抛弃掉，只带着邓绥继续前行。安定下来以后，邓攸再也没生下其他子嗣，去世后邓绥像儿子一样为他守孝。当时的士大夫都敬佩邓攸的义气，而悲悯他没有子嗣，说："天道无知，竟让邓伯道这样的人没有孩子。"

嵇绍不孤：《晋书·山涛传》记载：西晋大臣山涛和名士嵇康是

好友，曹魏末年，嵇康因触犯权臣司马昭的亲信钟会，被处死刑。临刑前，嵇康对儿子嵇绍说："有山涛在，你不会成为无依无靠的孤儿。"后来山涛果然帮助嵇绍出仕。

lù zhū zhuì lóu　　wén jūn dāng lú
绿珠坠楼，文君当垆。

【典故】

绿珠坠楼：《晋书·石崇传》记载：西晋大臣石崇家里有一个小妾叫绿珠，貌美且善于吹笛，当时的权臣孙秀非常羡慕，就向石崇讨要绿珠，石崇坚决不给，因此得罪了孙秀，被捕下狱。孙秀派来的人将要把石崇押走时，石崇对绿珠说："我是因为你而获罪啊。"绿珠回答："我愿死在您面前。"于是从楼上跳下而死。

文君当垆：文君，指司马相如的妻子卓文君；垆，指旧时酒馆里放酒瓮的土台。《史记·司马相如列传》记载：司马相如去临邛看望在那里当县令的老朋友，认识了当地的富豪卓王孙。卓王孙有个女儿叫卓文君，刚刚守寡。文君很欣赏司马相如的才华，就与相如私奔回到成都。相如家境贫寒，卓王孙记恨相如拐走了自己的女儿，不肯伸手资助，于是相如就和文君到临邛开了一家小酒馆，卓文

文君当垆卖酒图

君在酒垆前卖酒，相如和伙计一起忙前忙后。卓王孙感觉很丢脸面，于是送给文君奴仆百人、钱百万。司马相如和卓文君带着这些财物回到成都，购买宅邸和田地，生活变得富裕起来。

yī yǐn fù dǐng　　nìng qī kòu jiǎo
伊尹负鼎，宁戚叩角。

【典故】

伊尹负鼎：《史记·殷本纪》记载：商汤的重臣伊尹最初是个身份很低的人，他想要接触商汤，却没有门路，于是转而到商汤将要结亲的有莘（shēn）氏家里做了一名仆人，随着有莘氏的女子出嫁。到了商汤身边之后，伊尹背着鼎和俎（zǔ，切肉或切菜时垫在下面的砧板），借着为商汤解说烹饪的机会讲述了他的治国之道，最终得到商汤的重用。

宁戚叩角：《吕氏春秋·举难》记载：春秋时卫国人宁戚想要在齐桓公手下谋一个职务，但没有机会，就转行做了商人，贩牛到齐国去卖。到齐国首都临淄时，正好到了夜间，宁戚就在临淄城门外过夜。当夜，齐桓公出城迎接来宾，灯火明亮，随从很多，宁戚看见齐桓公的车队，引起了自己的伤感，于是一边喂牛，一边敲着牛角唱起歌来。桓公从歌中听出宁戚是个有才华的人，就让他坐到自己随从的车上去，后来提拔他做了高官。

zhào yī kǎn lǎn　　yán sì jiǎn bō
赵壹坎壈，颜驷蹇剥。

【典故】

赵壹坎壈：坎壈，困顿，不得志。《后汉书·文苑列传》记载：东汉人赵壹体貌魁梧，相貌超群，举止独特。年轻时，他才华横溢，为人狂放不羁，屡次被同乡排挤，甚至身陷牢狱，差点被杀，多亏朋友营救才得以幸免。后来司徒袁逢等人为他全力宣传，于是名动京城。

颜驷塞剥：塞剥，指时运不济。《汉武故事》记载：颜驷满头白发还在做郎官，汉武帝乘辇到郎署，看到颜驷感觉很奇怪，就问："怎么这样大的年纪还在做郎官呢？"颜驷回答道："文帝好文而我好武；景帝喜欢提拔长得漂亮的，而我貌丑；您喜欢用年轻人，而我已经老了。所以历经三代都得不到提拔。"武帝听了他的话，感慨万千，于是任用颜驷做了会稽郡的都尉。

gōng suì quàn nóng　　wén wēng xīng xué
龚遂劝农，文翁兴学。

【典故】

龚遂劝农：《汉书·循吏传》记载：汉宣帝时，渤海郡及附近地区发生饥荒，盗贼很多，老百姓都起来造反，官府几次派兵镇压都没有成功。汉宣帝询问有谁善于治理，宰相和御史一致推荐年过七十的龚遂，汉宣帝于是便任命他担任渤海郡的太守。龚遂不带一兵一卒，到任后打开粮仓赈济灾民，选拔能干的官员施行教化，又劝导百姓重视农业，规劝家里有刀剑的农民卖掉刀剑买牛，并鼓励大家种桑养蚕，按照时节耕种收割。起义军看到龚遂的政令以后，纷纷放下武器回家种地，老百姓都得以安居乐业。

文翁兴学：《汉书·循吏传》记载：汉景帝末年文翁担任蜀地郡守，崇尚教化，派遣郡中官吏到太学去学习文化知识，又在本郡兴办学校，入学者免除徭役，成绩好的学生可以直接被任命为郡县的官吏。经过文翁的一番努力，人人争着入学，蜀郡风俗有了很大的变化，文化也得到了发展，文学风气甚至可以与齐鲁之地相比。

yàn yù yáng yáng　　wǔ lù yuè yuè
晏御扬扬，五鹿岳岳。

【典故】

晏御扬扬：御，指晏婴的车夫。扬扬，指得意的样子。《晏子春秋·内篇杂上》记载：春秋时，齐国上卿晏婴出门，正好经过他的车夫家，车夫的妻子从门缝中向外看，正好看到自己丈夫为晏婴赶车，一副洋洋得意的样子。车夫回家后，他的妻子提出要离婚，车夫很不理解，妻子说："晏子身高六尺，身为齐相，又有很大的名声，但坐在车上显得非常谦逊；你身高八尺，只是一个赶车的仆人，却显得非常骄傲自满。这就是我要离婚的原因。"车夫感到很惭愧，于是一改傲慢自大的言行举止。

五鹿岳岳：岳岳，指耸立的样子，比喻人锋芒毕露。《汉书·朱云传》记载：汉元帝时，少府五鹿充宗研习当时很流行的《梁丘易》（西汉的一个易学流派），元帝也喜欢读《梁丘易》，但想知道《梁丘易》和其他《易经》学说有什么不同之处，就让五鹿充宗与各家易学的传人辩论。五鹿充宗地位高贵，又擅长辩论，很多儒者都称病躲避，不敢和他辩论。当时有人说朱云通晓《易经》，元帝就让朱云参加辩论。在辩论中，朱云声音洪亮，多次让五鹿充宗无言以对。所以，当时有人说："五鹿岳岳，朱云折其角。"意思是说五鹿充宗头上生角，不容易对敌，但是朱云把他的角挫折了。

xiāo zhū jié shòu　　wáng gòng tán guān
萧朱结绶，王贡弹冠。

【典故】

萧朱结绶，王贡弹冠：结绶，指将两颗官印上的绶带打成了结。弹冠，指弹去官帽上的灰尘。《汉书·萧望之传》记载：西汉后期大臣萧望之的儿子萧育和朱博关系非常好，在当时很有名。在他们之前，王吉和贡禹的友情也为世人所称颂。当时的人把这两对朋友相提并论，说："萧育和朱博官印上的绶带缠在一起；王吉做了官，贡禹就会弹去帽子上的灰尘，准备出仕为官。"意指他们互相扶助、互相推荐。但萧育和朱博后来还是起了矛盾，没能做一辈子的朋友，世人又用他们的例子来证明朋友之间保持友谊的难度。

páng tǒng zhǎn jì   qiú lǎn xī luán

庞 统 展 骥 ， 仇 览 栖 鸾 。

【典故】

庞统展骥：骥，指良马。《三国志·蜀书·庞统传》记载：东汉末年，刘备割据荆州，任命当地名士庞统为耒（lěi）阳县令。庞统在任期间不认真处理政务，被免职。东吴将领鲁肃给刘备写信说："庞统不是只能当县令的人才，只有对他委以重任，才能体现出他的能力（展其骥足）。"诸葛亮也对刘备说了类似的话。刘备于是接见庞统，与其深入交谈，相见恨晚，立刻任命庞统为治中从事，让他做了自己的重要幕僚。庞统后来追随刘备入蜀，屡出奇谋良策，成功帮助刘备进兵成都。

仇览栖鸾：《后汉书·循吏列传》记载：东汉的仇览年轻的时候在乡里默默无闻，到了四十岁的时候才被任命为亭长，他在任上劝导老百姓务本兴农，农事忙完了就劝导年轻人多学文化知识，对于游手好闲的人就惩罚他们务农种桑，短短的时间内辖区的老百姓家家富裕充实，还感化了不孝顺母亲的逆子陈元。后来县令王涣听说仇览的事迹，就召他做主簿，问他："听说你知道陈元的过错后，不加罪于他，而是用言语感化他，这样做是否少了点如鹰鹯般干练的作风呢?"仇览说:"我认为鹰鹯（zhān，一种猛禽）不如鸾凤受欢迎。"王涣听到后，说:"荆棘丛中不是鸾凤栖息的处所，百里小县也容不下你这样的大贤。太学之中那些穿着长礼服、争逐名誉的人，都不如你啊。"于是拿出一个月的俸禄送给仇览当路费，资助他去京城学习。

gě liàng gù lú　　hán xìn shēng tán
葛亮顾庐，韩信升坛。

【典故】

葛亮顾庐:《三国志·蜀书·诸葛亮传》记载:东汉末年，刘备为了获得诸葛亮的帮助，曾经先后三次到诸葛亮所住的草庐中去拜访他，但一次次都没能遇上，直到第三次才拜访成功。诸葛亮被刘备的诚心所感动，最终出山辅佐刘备建立蜀汉政权。

韩信升坛:《史记·淮阴侯列传》记载:秦朝覆灭后，刘邦被封为汉王，在汉中建都。相国萧何向刘邦推荐韩信，刘邦对韩信却很轻慢，韩信感觉不受重视就准备离开，另谋出路。萧何得知后，骑着快马亲自将韩信追回，再次向刘邦陈说韩信带兵打仗的才能，并建议他建起高坛，拜韩信为大将。刘邦接受了这一建议，命人筑坛，将统帅三军的大权授予韩信。韩信后来帮助刘邦打败项羽，夺得天下。

wáng póu bǎi cǎn　　mǐn sǔn yī dān
王裒柏惨，闵损衣单。

【典故】

王裒柏惨:《晋书·孝友传》记载:王裒的父亲被晋文帝司马昭

杀害，因此晋朝建立后，王裒不接受朝廷的征召，不向着首都洛阳的方向坐，表示自己不肯臣服于晋。王裒在父母的墓地旁搭建一座房子为他们守坟，每天早晚到墓前拜祭，哀痛时就攀着墓旁边的柏树痛哭流涕，眼泪落在柏树上，柏树都枯死了。

闵损衣单：《孝子传》记载：孔子的弟子闵损早年丧母，父亲娶了后妻，又生了两个孩子。继母只喜欢自己的孩子，对闵损很不好。冬天的时候继母给闵损做的棉衣用的是芦花絮，这种衣服看起来很厚但很不保暖；而给自己亲生儿子的棉衣却是用棉絮做的。闵损默默忍受。父亲发现后，非常生气，想要赶走后妻，闵损替继母求情，说："母亲在家里，最多是我一个人受寒；母亲被赶走，三个孩子都要挨冻。"父亲听了闵损的话，没有赶走后妻，继母也被闵损感动，从此对三个儿子一视同仁。

méng tián zhì bǐ　　cài lún zào zhǐ
蒙 恬 制 笔， 蔡 伦 造 纸。

【典故】

蒙恬制笔：《古今注》记载：古时做笔的人以枯木为管、鹿尾为柱、羊毛为被，从秦朝大将蒙恬开始，才以兔毫和竹管做笔，所以后世都将蒙恬作为造笔的祖师爷。

蔡伦造纸：《后汉书·蔡伦传》记载：古时用来书写文字的材料只有竹简和缣帛，竹简太沉，缣帛又太贵，东汉的宦官蔡伦创造出用树皮、麻头、破布造纸的方法，献给皇帝。用这种方法造出来的纸，被民间称为"蔡侯纸"。之所以名为"蔡侯"，是因为蔡伦晚年被封为龙亭侯的缘故。

1.切麻　2.洗涤　3.浸灰水

4.蒸煮　5.春捣　6.打浆

7.抄纸　8.晒纸　9.揭纸

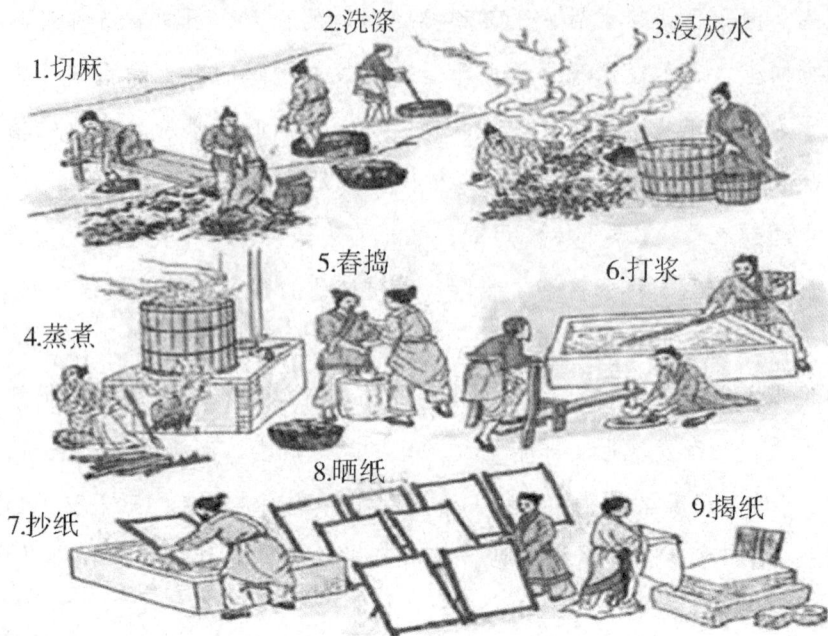

汉代造纸工艺流程图

kǒng jí yùn páo　　zhài zūn bù bèi
孔 伋 缊 袍 ， 祭 遵 布 被 。

【典故】

孔伋缊袍：缊袍，指用旧的丝绵絮作为填充物的袍子，泛指破旧的衣服。《说苑》记载：孔子的孙子孔伋在卫国居住时，生活非常贫困，穿的旧袍子没有衬里，还经常吃不饱饭。当时的名士田子方怜悯他，就派人送来一件狐皮袄，并让人带话说："我借给别人东西，就不记得了；我送给别人的东西，就当作是丢掉了。"但是孔伋却推辞不肯要。田子方说："我有的是你急需的东西，送给你你为什么不要呢？"孔伋回答道："我听说，无缘无故送人东西，还不如把东西丢在沟壑（hè）里。我虽然穷，但是不愿意让自己的身体作为沟壑，所以不敢接受。"

祭遵布被：布被，粗布被子。《后汉书·铫期王霸祭遵列传》记载：东汉开国功臣祭遵为官清廉节俭，领兵作战凡是受到奖赏，全部分给部下士卒，家里不积蓄私财。祭遵平时穿一般士兵穿的皮裤子，盖布被子，夫人的裙子连镶边都没有。他身为大将，却能保持廉洁谨慎的作风，因此很受汉光武帝的器重。

zhōu gōng wò fà   cài yōng dào xǐ
周 公 握 发， 蔡 邕 倒 屣。

【典故】

周公握发：《史记·鲁周公世家》记载：西周建立后，周公旦的儿子伯禽被封到鲁地，临行前，周公旦教育伯禽说："我是文王的儿子、武王的弟弟、成王的叔父，我的身份在天下来说也不算低贱了。但是我洗头时有客人来，我总是握住湿乱的头发去见他；我吃饭时有客人来，我总是把正在吃的饭吐掉去见他（原文为"一沐三握发，一饭三吐哺"）。即使这样对待宾客，我仍然担心慢待了贤人。你到鲁国去，一定不要因为自己是鲁国的封君就表现出对人傲慢的神气来。"后来用"握发吐哺"比喻为国家礼贤下士，殷切求才。

蔡邕倒屣：屣，指古代的一种鞋。倒屣，指倒穿着鞋子。《三国志·魏书·王粲（càn）传》记载：蔡邕对王粲的才华一向非常赏识，一次蔡邕家中宾客满座，恰好王粲来拜访他。蔡邕听说王粲到了门口，着急忙慌连鞋子都来不及穿好，倒穿着鞋子就跑出去迎接。王粲当时还很年轻，身材又很矮小，蔡邕的客人见到他，都很惊讶蔡邕对他如此看重，蔡邕说："王粲是奇才，我比不上他，我家的书籍将来全都会送给他。"

wáng dūn qīng shì　　jì zhān chū jì
王敦倾室，纪瞻出妓。

【典故】

王敦倾室：倾室，倾空内室（妻妾）。《世说新语·豪爽》记载：东晋大将王敦沉湎女色，严重损害了身体健康，他的侍从因此劝谏他。王敦说："这好办得很！"于是他下令打开后阁（官员府第中的起居室），把婢女和小妾数十人全部遣散。当时人听说这件事，都很惊异于王敦能如此果断地下决定。

纪瞻出妓：出，指让……出来。《晋书·周颉传》记载：东晋大臣纪瞻在家中招待朝臣观看歌舞表演，纪瞻有一个爱妾，能唱新奇的曲调，于是他便将爱妾请出来给大家弹唱。周颉喝醉了酒，在大庭广众之下与之调情，还毫无愧疚之色。

bào shèng chí fǔ　　zhāng gāng mái lún
暴胜持斧，张纲埋轮。

【典故】

暴胜持斧：暴胜，指西汉御史大夫暴胜之。《汉书·隽（juàn）不疑传》记载：汉武帝晚年穷兵黩武、刚愎自用，全国各地经常发生暴动叛乱，盗贼四起，暴胜之作为钦差大臣，手持板斧，下到各个郡县缉拿盗贼，铲除奸猾，督促各级官吏恪尽职守，对于混乱局面起到了很好的震慑作用，后被任命为御史大夫。

张纲埋轮：《后汉书·张纲传》记载：汉顺帝时，派遣八名官员巡视全国，察访民情，张纲是其中之一。其他官员都去指定的地区调查了，张纲却不出发，他把所乘车的轮子埋在洛阳的都亭，表示没有出行的意愿，并说："豺狼一般暴虐的奸臣已经掌握了国政，哪

有时间去管狐狸之类的小恶徒。"于是上疏弹劾大将军梁冀等不法
权贵。

líng yùn qū lì　　lín zōng zhé jīn
灵 运 曲 笠 ， 林 宗 折 巾 。

【典故】

灵运曲笠：《世说新语·言语》记载：谢灵运喜欢游山玩水，每
次出游都戴--顶曲柄斗笠，形状很像高级官员仪仗中的曲盖。一位
姓孔的隐士因此对谢灵运说："您向往高远的境界，但从所戴的斗笠
看起来，您还是没能忘却做高官的荣耀啊！"谢灵运回答道："有人
害怕自己的影子，拼命快跑，想把影子给甩掉，最终把自己累死了。
我戴曲柄笠，是因为不怕'影子'，也就没有刻意去忘却荣华富贵。"

林宗折巾：郭泰字林宗，是东汉时期太学生中的精神领袖，举
国闻名。《后汉书·郭符许列传》记载：东汉名士郭泰在陈国、梁国
一带出行时，遇到大雨，头巾被雨淋湿，一个角折了下来。由于郭
泰名声很大，很多人都效仿他的样子，把头巾的一个角折下来，称
为"林宗巾"。

qū yuán zé pàn　　yú fù jiāng bīn
屈 原 泽 畔 ， 渔 父 江 滨 。

【典故】

屈原泽畔，渔父江滨：《史记·屈原贾生列传》记载：战国时楚
国大夫屈原因遭受谗害，被放逐到汨（mì）罗江边，在大泽之畔一
边行走一边吟诗。有个打渔人（渔父）问屈原："您不是三闾大夫
吗？为什么来到这里？"屈原说："整个世界都是污浊的而惟独我是
清白的，众人都是沉醉的而惟独我是清醒的，所以我被放逐了。"渔

父说:"但凡圣人,都能不被外物所凝滞而且能够随着世道的变化而变化。整个世界都是浑浊的,那你为什么不能随波逐流呢?众人都是沉醉的,那你为什么不能像众人一样吃酒渣、喝薄酒呢?为什么要胸怀美玉良才而令自己被放逐呢?"屈原说:"我听说,刚刚沐浴过的人一定要用手弹一弹自己的帽子,抖一抖自己的衣裳。人们又有谁能用清白之躯,去接受肮脏的东西呢!所以我宁可投入江中被江中的鱼儿吃掉,也不愿使我干净的思想蒙受世间重积的污渍!"于是屈原写了一篇名为《怀沙》的赋,之后投江而死。

wèi bó sǎo mén　　　pān yuè wàng chén

魏 勃 扫 门 ， 潘 岳 望 尘 。

【典故】

魏勃扫门:《史记·齐悼惠王世家》记载:西汉人魏勃想要求见齐相曹参,但因为家庭贫困,没有钱财去疏通关系。于是就每天早起,去给曹参的门客打扫家门口。门客觉得很奇怪,问他为什么这样做,魏勃说:"想求见相君,但没有机会,所以为您扫地,希望能借此寻求机会。"于是门客把他引荐给曹参,在曹参府中做了一名门客。

潘岳望尘:《晋书·潘岳传》记载:西晋文学家潘岳性格轻佻又躁进,非常向往高官厚禄。他和石崇等人都谄媚权臣贾谧(mì),贾谧出门时,潘岳等人经常在门口等候,见到车子扬起的尘土,就恭恭敬敬地下拜,表示对贾谧的尊敬。

jīng fáng tuī lǜ　　　yì fèng guān xìng

京 房 推 律 ， 翼 奉 观 性 。

【典故】

京房推律:《汉书·眭(suī)两夏侯京翼李传》记载:西汉学

者京房本来姓李，后来学有所成，根据对音律的推算，自己改姓为京。京房通音律，擅长占卜，熟知五行灾异，汉元帝对他一度很信任。

翼奉观性：《汉书·眭两夏侯京翼李传》记载：西汉学者翼奉在回答汉元帝的问题时，提出可以根据阴阳律历的占卜方式，依据六合五行来察知人性，掌握人情。这是翼奉独有的学问，其他人都做不到这点。

gān níng shē chǐ　　　lù kǎi guì shèng
甘 宁 奢 侈 ， 陆 凯 贵 盛 。

【典故】

甘宁奢侈：《三国志·吴书·甘宁传》注引《吴书》记载：三国孙吴名将甘宁，出门时从陆地出行，就摆列开车子和骑士的仪仗；从水路出行，就带着好多艘船。身边的侍从都穿着锦绣制成的衣服，光彩四溢，所经过的道路都似乎被照亮了一样。不仅如此，甘宁还使用丝织品来拴船，将要开船，就把拴船的丝织品割断丢弃，来显示自己生活的奢华。

陆凯贵盛：《世说新语·规箴》记载：孙吴的末主孙皓问丞相陆凯："你的家族有多少人在朝？"陆凯回答："我家先后出过两个丞相，有五个人封侯，还有十几个人做到将军。"孙皓赞叹道："真是太昌盛了！"陆凯反驳道："君主贤明，臣下忠诚，这是国家昌盛的表现；父亲慈爱，儿子孝顺，这是家庭昌盛的表现。现在政治荒谬、百姓疲敝，我只担心要亡国，哪里敢说昌盛呢？"

gān mù fù yì   yū líng cí pìn

干木富义，於陵辞聘。

【典故】

干木富义：干木，即段干木，段干为复姓，战国时魏国名贤，富有德义。《淮南子·修务训》：段干木在魏国及邻国中享有很高的声誉。魏文侯给他高官厚禄，他拒不接受。文侯仍对他优礼相待，乘车经过他家门前时，一定要站起身来手扶车前的横木对他以示敬意。

於陵辞聘：《列女传·仁智传》记载：於陵字子终，战国时期的隐士。楚王听说他很有才华，派人带着百两黄金来聘请他担任楚国的丞相。子终有点动心，对妻子说："做了宰相，就能有很多车马和美食！你说去还是不去呢？"妻子说："有很多车马，你坐的地方也不过是容下膝盖的那一片；有很多美食，真正觉得美味的也不过一道菜而已。当今乱世为了这些东西去替楚国奔波，恐怕早晚会给自己带来祸害。"于是夫妻二人收拾行李，连夜逃走，以帮人灌园维持生活。

yuán kǎi   zhuàn pǐ   bó yīng   cǎo shèng

元凯"《传》癖"，伯英"草圣"。

【典故】

元凯"《传》癖"：《语林》记载：杜预字元凯，痴迷《左传》，不仅爱读而且喜欢给它作注解。当时王济爱马、和峤爱钱，杜预评论说王济有马癖，和峤有钱癖。晋武帝问杜预："你有什么癖好？"杜预回答："臣有《左传》癖。"

伯英草圣：《后汉书·张奂传》记载：张奂的儿子张芝（字伯

英）擅长草书，在后世也很有名。王愔《文志》记载：曹魏书法家
韦诞称张芝为"草圣"。

féng yì dà shù　　qiān qiū xiǎo chē
冯异大树，千秋小车。

【典故】

冯异大树：《后汉书·冯岑贾列传》记载：汉光武帝的功臣冯异
性格谦和不争，对人礼让，每次在路上遇到其他将领的车辆，就调
转自己的车马让路。每当行军宿营时，大将们往往凑到一起争论彼
此的功绩，冯异则经常独自坐在大树下，不参与论功，因此军中称
冯异为"大树将军"。

千秋小车：《汉书·公孙刘田王杨蔡陈郑传》记载：汉武帝时的
丞相车千秋原本姓田，担任丞相十多年，处事谨慎细致，德高望重。
到汉昭帝时，年纪已经很大了，皇帝允许他乘小车出入宫廷，因此
又被称为"车丞相"。

piǎo mǔ jìn shí　　sūn zhōng shè guā
漂母进食，孙锺设瓜。

【典故】

漂母进食：《史记·淮阴侯列传》记载：韩信少年时家境贫寒，
在护城河边忍饿钓鱼，有漂母把自己的饭分给他吃。韩信说："我以
后一定要重重报答您。"漂母生气地说："你身为男子汉不能供养自
己，我是可怜你，所以给你吃的，谁指望你的报答呢？"后来韩信帮
助刘邦取得天下，被封为楚王，回到故乡后，果然以千金回报漂母。
后用"漂母进食"喻指施恩不忘报答。

孙锺设瓜：设，准备、摆设（食物）。《幽明录》记载：东汉

人孙锺以种瓜为生，一天来了三个少年向他讨瓜吃，孙锺就拿出瓜来给他们。这三个人将要离开时，对孙锺说："我们是司命神，感谢你不知道我们的身份，还肯给我们食物吃，怎么报答你才好呢？这山下的地很好，可以在这里建造坟墓。"说着又问孙锺："你是希望子孙世代封侯呢？还是希望出几代天子？"孙锺希望能出天子，于是少年说："你往山下走一百来步再回头看，我们离开时所在的地方，就是墓址。"孙锺按照要求走了一百多步再回头看，见三位少年都变成白鹤飞走了。他们飞走时所在的地方，孙锺以此作为墓地。孙锺的儿子是汉末的军阀孙坚，孙子则是东吴大帝孙权。

hú gōng zhé tiān　　jì xùn lì jiā
壶公谪天，蓟训历家。

【典故】

壶公谪天：谪，贬谪、降职。谪天，指神仙犯错被贬下人间。《后汉书·方术列传》记载：东汉时，汝南人费长房被任命为管理集市的小官。集市中有个卖药的老人，在药铺前面挂了一个壶，每次集市散去，老人就跳到壶里。费长房在楼上看到，就恭恭敬敬地去拜访老人，老人对他说："你明天可以再来。"第二天，费长房又去拜访老人，老人带着他一起进入壶中，看到一所精美的房屋，里面摆满了美酒佳肴，两人一起饮酒。随后老人又带着费长房出来，让他不要对别人说。后来，老人去拜访费长房，对他说："我是神仙，因为有过错，被贬到人间，现在要离开，你愿意跟我一起走吗？"费长房说："我很愿意跟着你一起走，但是想要让我的家人不知道我去哪儿了，有什么办法吗？"壶公说："这个很好办。"于是给了费长房一根竹子，告诫他说："你回去后对外面说得了重病，把这根竹子放到你躺卧的地方，悄悄溜出来就可以了。"他走后，家人发现费长房已经死去，床上的尸体为竹子所变。

蓟训历家：历家，指挨家挨户拜访。《后汉书·方术列传》记载：蓟子训有仙术，到京师时，贵人都想见到他，争着请他到家里去。蓟子训一概答应道："我某月某日会去。"到了约定的时间，蓟子训分别出现在二十多位贵人家中，贵人们很高兴，都认为蓟子训先来拜访了自己。第二天，贵人们互相询问，所提及的蓟子训的衣服相貌都一样，但谈论的内容却各不相同。这个消息传出来之后，大家都感到惊异。

liú xuán guā xí　　jìn huì wén má
刘 玄 刮 席， 晋 惠 闻 蟆。

【典故】

刘玄刮席：《后汉书·刘玄刘盆子列传》记载：西汉末年，王莽篡夺汉朝政权。刘玄投入反王莽的起义军中，被推为天子，称更始帝。刘玄性格懦弱，即位后接受群臣朝见时羞愧流汗，说不出话来。王莽被诛杀后，更始帝迁都长安，举行朝会时，近侍郎官按次排列在殿前的庭中，场面壮观，刘玄被仪式的气魄所震慑，低下头去，手不停地刮着座席，不敢抬头看。

晋惠闻蟆：晋惠，指晋惠帝司马衷，生性痴呆，不能处理政事。《晋书·惠帝纪》记载：晋惠帝在华林园听到蛤蟆的叫声，便觉得很奇怪，问左右近侍："这些叫唤的蛤蟆是官府的还是私家的呢？"有人回答道："在官地的就是官家的，在私地的就是私有的。"后来天下大乱，很多老百姓都饿死了，晋惠帝说："老百姓为什么不吃肉羹呢？"

yī jí yī bài　　lì shēng cháng yī

伊籍一拜，郦生长揖。

【典故】

伊籍一拜：《三国志·蜀书·伊籍传》记载：蜀汉大臣伊籍奉命出使孙吴，吴主孙权知道伊籍擅长言辞，想要在舌辩方面给他一个下马威。伊籍觐见孙权时，刚刚下拜，孙权就说："侍奉无道之君，是不是很辛苦啊？"伊籍回答道："不过是一拜一起，说不上辛苦。"孙权本来想羞辱蜀汉，却被伊籍巧妙地将话题带到了自己身上，因而对伊籍的机智感到非常惊异。

郦生长揖：《史记·郦生陆贾列传》记载：秦末的辩士郦食其（yì jī）和刘邦首次见面时，刘邦分开两腿坐在榻上，让两个侍女为他洗脚，郦食其对着刘邦作了一个长揖，不肯下拜，说："您如果想消灭无道的秦朝，就不应该这样接见长者。"于是刘邦停止洗脚，起身请郦食其坐到上座，并向他道歉。

mǎ ān sì zhì　　yīng qú sān rù

马安四至，应璩三入。

【典故】

马安四至：《史记·汲郑列传》记载：西汉大臣汲黯的外甥司马安，年轻时与汲黯同时担任太子洗（xiǎn）马（官职名，太子出行时的前导）。司马安精通法律，又性格机巧圆滑，因此"四至九卿"（四次做到九卿级的官职），最后在河南太守任上去世。

应璩三入：曹魏文人应璩曾经先后担任侍郎、散骑常侍、侍中。这三个职务都是皇帝的侍从官员，因此受到特许，可以从皇宫侧面的承明庐出入宫廷。应璩的作品中有一首《百一诗》，诗中有"问我何功德，三入承明庐"的句子，就是指其曾经担任这三个官职。
后以"入承明庐"为入朝或在朝为官的典故。

guō jiě jiè jiāo　　zhū jiā tuō jì
郭解借交，朱家脱季。

【典故】

郭解借交：交，是"以躯借交"的简称，即为别人不惜舍弃自己的意思。《史记·游侠列传》记载：西汉著名侠客郭解年轻时性格阴险残忍，稍有不快，就出手杀人。他喜欢救人之危，肯为别人舍弃自己，替朋友报过很多仇，一些亡命徒经常躲到他家里。然而他的运气很好，每当事态紧急，总会赶上朝廷的大赦，因而一直没有被治罪。

朱家脱季：季，指季布。脱季，即解脱季布的灾祸。《史记·游侠列传》记载：西汉初年，鲁地有一位大侠，名叫朱家。朱家能够急人之所急，曾经被他藏在家里的犯罪豪杰数以百计，常人则不可胜数。但朱家从不居功，甚至不愿意见自己曾经帮助过的人，怕他们感恩戴德。项羽的部将季布被汉高祖刘邦追捕，藏在朱家，朱家利用自己的关系，帮他获得了赦免。后来季布做了高官，朱家终生没有去见他。因此关东的豪杰都渴望与朱家交往。

yú yán kè qī　　shèng jí chuí qì
虞延克期，盛吉垂泣。

【典故】

虞延克期：克期，指按期。《后汉书·朱冯虞郑周列传》记载：东汉初年，虞延被任命为细阳（今安徽太和）令。在任时，每到年底，虞延总是把刑徒放回家过年。而刑徒也感念虞延的恩情，都会按期回来。有个刑徒在家得了病，让人用车把自己载到监狱，刚到就去世了。虞延得知后，率领属下为他举行葬礼。百姓都为虞延的宽仁所感动。

盛吉垂泣：《北堂书钞》注引谢承《后汉书》记载：东汉时盛吉曾经担任廷尉之职，掌管刑狱。但是盛吉性格非常仁爱，每到冬月要给囚犯定罪时，他的妻子拿着蜡烛，盛吉自己手持蘸了朱砂的笔写判决书，因为不忍，有时盛吉一边写着判决书，一边和妻子哭起来。

yù ràng tūn tàn   chú ní chù huái

豫让吞炭，钽麂触槐。

【典故】

豫让吞炭：《史记·刺客列传》记载：战国时期，智伯对晋国人豫让曾有知遇之恩，后来韩赵魏三家一起合谋灭掉了智国杀死了智伯。豫让发誓要为智伯报仇，为了让别人认不出来自己，用漆涂在身上以烧坏自己的皮肤，吞下烧热的炭以破坏声带改变音质，在闹市中以行乞为生，寻找机会行刺赵襄子。最终行刺失败，赵襄子捉住豫让，但却为他的忠义所感动，问他死前还有什么愿望。豫让请求赵襄子脱下外衣，放在地上，拔剑跃起砍了外衣三次，就算自己替主报仇了。后来豫让自杀而死。

钽麂触槐：《左传·宣公二年》记载：晋灵公派遣钽麂刺杀上卿赵盾，钽麂到赵家的时候，赵盾穿好了朝服在屋中坐着打盹，随时准备上朝。钽麂看了之后，非常感动，私下叹息道："如果杀了赵盾这样能为民做主的人，是不忠的行为；如果违背了国君的命令，则是不守信的行为。"处于两难境地的钽麂最终选择在槐树上撞死。

ruǎn fú là jī   zǔ yuē hào cái
阮孚蜡屐， 祖约好财。

【典故】

阮孚蜡屐，祖约好财：蜡屐，用蜡涂抹保养木屐。《世说新语·

雅量》记载：东晋时的两位大
臣阮孚和祖约各有偏好，阮孚
喜欢木屐，祖约喜欢钱财。两
人都拼命搜集，当时人觉得两
人都被身外之物所累，但没法
评断两人孰优孰劣。后来有人
去阮孚家，见他亲自点火融蜡
来擦拭保养木屐，还叹息道：

方头木屐

屐是古代对木制底鞋类的总称。其特
征是前后装两个木跟，古时称高跟为齿，
故木屐又称"齿屐"。在汉代，男穿方头
屐，女穿圆头屐，以此寓天圆地方之意。
作战时，将木屐去齿就成为无齿战屐。

"不知一辈子还能穿多少木屐呢?"神色很是平和闲雅。又有人去祖

约那里，看到祖约正在数钱，祖约一见客人来了，急忙藏起来，有

两小筐钱财没地方放，就放到身后，用身体挡住，生怕客人看见，

神色很是慌张。于是祖约和阮孚谁的癖好更有水准就有了定论。

chū píng qǐ shí   zuǒ cí zhì bēi
初平起石， 左慈掷杯。

【典故】

初平起石：《神仙传》记载：黄初平十五岁时，家里让他去放

羊，有一位道士见他善良谨慎，便带他到金华山石室中修炼，四十

多年没有回家。他的兄长几次三番去找他，最终在别人的指引下找

到他。见面后，兄长问初平当年放的羊去了哪里，黄初平说羊在山

的东面，兄长到东边去看，只看到满地的白石头。初平随后来到，

喝叱一声，白石头都变成羊站起来，总共有数万头。

左慈掷杯：《神仙传》记载：左慈在曹操举办的宴席上饮酒，用簪子在酒杯上画了一道，杯子就分成了两半。喝完酒后，左慈把酒杯扔向房梁，杯子悬在房梁上，像鸟在飞翔一样，客人抬头看杯子的那一刹那，左慈忽然消失了。

wǔ líng táo yuán　　liú ruǎn tiān tái
武 陵 桃 源 ， 刘 阮 天 台 。

【典故】

武陵桃源：《陶渊明集·桃花源记》记载：武陵郡的渔夫捕鱼时沿着溪水中的桃花一路探寻源头，发现了山中的一个小村庄。村庄里的村民过着自给自足的生活，不受外界战乱和政治变迁的困扰。后来渔夫从村庄出来，一路留下记号，回到郡中后向太守禀报了自己的发现。但当太守派人跟着渔夫去寻找这个村庄时，却再也没有找到。

刘阮天台：《幽明录》记载：东汉的时候，刘晨和阮肇到天台山去采药，结果迷了路，慌乱中遇到两个仙女，被两个仙女带回家结婚，留住了半年多。等到回家的时候，发现子孙已经过了十代。不久刘阮二人又从世间消失，不知去了哪里。

wáng jiǎn zhuì chē　　chǔ yuān luò shuǐ
王 俭 坠 车 ， 褚 渊 落 水 。

【典故】

王俭坠车，褚渊落水：《南齐书·谢超宗传》记载：南齐初年，司徒褚渊去为湘州刺史王僧虔送行，由于阁道（架在水上或者两座高大建筑间的一种桥，因上有顶棚，形似阁楼，故称阁道）坏了，掉在水里。同在现场的尚书仆射王俭吓得来不及穿鞋就跳下车来。谢超宗因为得不到提拔，平素怨言就很多，看到这一景象，不由得拍手嘲笑说："落水三公（司徒为三公之一），坠车仆射。"因此与褚渊发生了言语冲突，而且逐渐传得朝野共知。

jì lún jǐn zhàng　　chūn shēn zhū lǚ

季伦锦障，春申珠履。

【典故】

季伦锦障：障，即步障，古代的一种日用品，用布制成，用于遮挡风尘或视线的屏障。《世说新语·汰侈》记载：西晋大臣石崇（字季伦）很有钱，与贵戚王恺、羊琇等人斗富。王恺用糖水刷锅，石崇用蜡烛当柴烧。王恺用紫丝布做了四十里步障，石崇就用锦来做步障，而且长达五十里。在斗富中，石崇总是要压过王恺一头。

春申珠履：《史记·春申君列传》记载：战

明万历年间刻本《紫钗记》中的明代官员宴饮图，他们身后立有步障。

国时，赵国的平原君派人到楚国的春申君那里。平原君的使者想向楚人夸耀赵国的富贵，于是用玳瑁做簪子，刀剑的鞘都用珠玉装饰。如此修饰一番后，赵国的使者提出想要见见春申君的门客。春申君门下有三千多人，其中的上等宾客都穿着用珠子装饰的鞋来与平原君的使者见面。赵使被这种奢华所震惊，非常惭愧。

zhēn hòu chū bài　　liú zhēn píng shì
甄后出拜，刘桢平视。

【典故】

甄后出拜，刘桢平视：甄后，即曹丕的妻子甄氏，曹丕称帝后立为皇后，故称甄后。《三国志·刘桢传》注引《典略》记载：魏太子曹丕曾经召集文学之士宴饮，酒席的气氛到了高潮时，曹丕就叫夫人甄氏出来拜见客人。客人为表示对曹丕夫妻的尊重，都伏地不敢仰视，只有刘桢依然正襟危坐，平视甄氏。曹操得知后，认为刘桢对甄氏不敬，就下令将刘桢抓起来，给予严惩。

hú pín zhēng chū　　jìn wǔ shāng zhǐ
胡嫔争摴，晋武伤指。

【典故】

胡嫔争摴，晋武伤指：摴，即摴蒲，也写作"樗蒲"，古代的一种赌博游戏。《晋书·后妃传》记载：晋武帝非常宠爱贵嫔胡芳，曾经和她一起玩摴蒲，两个人争抢骰子，胡芳不小心抓伤了晋武帝的手指。晋武帝生气地说："你真是将种。"胡芳说："北伐公孙渊，西拒诸葛亮，不是将种是什么？"晋武帝听了以后觉得很羞惭。因为胡芳的父亲胡奋是晋初的大将，故晋武帝觉得胡芳举止不得体，就斥之为"将种"（此处有贬义）。而胡芳抓住晋武帝的祖父司马懿和诸葛亮、公孙渊交战的事迹反唇相讥，意谓你祖上也是以军功起家，不该以"将种"羞辱人，因而晋武帝有羞惭之色。

shí qìng shǔ mǎ　　kǒng guāng wēn shù
石庆数马，孔光温树。

【典故】

石庆数马：《史记·万石张叔列传》记载：万石君石奋的小儿子石庆，在汉武帝时任太仆，负责为天子驾车。有一天，汉武帝出行，问石庆车子驾了几匹马，皇帝驾车马匹本有定数，但石庆还是用马鞭一一点数，才回答说："六匹马。"可见其谨慎小心的程度，而石庆在万石君的儿子中还是最为随意的，居然都这样谨慎。后来，石庆调任齐相，齐国人仰慕他们石家的品行，齐国大治。

位于河南洛阳东周王城天子驾六博物馆的天子驾六雕像
天子驾六是我国古代的一种礼制。皇帝出行乘六匹马拉的马车，即"天子驾六"。

孔光温树：温树，即温室省中树。《汉书·孔光传》记载：孔光先后被任命为尚书、尚书仆射、尚书令，参与机要长达十余年。到了休假的日子，孔光在家和兄弟、妻子闲聊，只字不提国家政事。有人问孔光："温室省中树何木也（宫中都种了什么树）？"孔光沉默不答，转而谈论其他事情。孔光的小心谨慎，一贯都是这个样子。后来用"温室树"泛指宫廷中的花木。

zhái tāng yǐn cāo　　　xǔ xún shèng jù
翟 汤 隐 操 ，许 询 胜 具 。

【典故】

翟汤隐操：隐操，恬淡隐退的操守。《晋书·隐逸传》记载：翟汤行为笃实，德行淳朴，为人仁厚而且非常廉洁，只吃自己耕种的东西，屡次拒绝朝廷的征召，终身未出山做官，在当时享有很高的名望。西晋永嘉年间，天下大乱，翟汤隐居的地方有很多盗贼，这些人听说过翟汤的名声和道德，都不敢侵犯他。

许询胜具：胜具，即济胜具，指能攀越到达胜境、登山临水的好身体。《世说新语·栖逸》记载：许询喜欢游山玩水，而且身体强健，爬山非常方便。当时人说："许询不仅有高妙的情趣，而且有能够实现的条件。"

yōu zhān gǔ jī　　　luò xià lì shù
优 旃 滑 稽 ，落 下 历 数 。

【典故】

优旃滑稽：优，即男演员。优旃，即名为"旃"的歌舞艺人。滑稽，指能言善辩，对答如流。后转义为"幽默"。《史记·滑稽列传》记载：秦始皇时，有一个叫旃的歌舞艺人，他虽然个子矮小，但却善于讲笑话，深知秦始皇的为人，经常说反话让秦始皇在玩笑中体会施政的错误。有一次秦始皇准备扩建园林，圈养禽兽供自己玩乐。优旃于是开玩笑地说："皇上，您太圣明了。就应该多放些禽兽在园林里，敌寇从东方来入侵，让麋鹿用角去抵触他们就足够了。"秦始皇明白他这是在提醒自己东方的敌人还没有完全消灭，不能沉迷于享乐，于是下令停止扩建园林。

落下历数：落下，即落下闳，西汉天文学家，落下为复姓。历数，历法，即通过观测天象来推算年时节候的方法。《汉书·律历志》记载：汉武帝下令制定历法《汉太初历》，从官员和民间通历法的人中选取了二十多人。其中有方士唐都和巴郡人落下闳。唐都精通天文星座之学，落下闳则擅长计算历法。

màn róng zì miǎn　　zǐ píng bì qǔ

曼 容 自 免 ， 子 平 毕 娶 。

【典故】

曼容自免：自免，自求免官。《汉书·龚胜传》记载：西汉人邴丹（字曼容）非常注重自我修养，不肯做高官。每当做到六百石（汉朝以年俸标志官的大小，六百石大致相当于刺史或尚书的级别，已经进入中层官员的行列），就弃官而去，不肯再往上发展，在当时名望很高。

子平毕娶：《高士传》记载：东汉人向长（字子平）性情平和，隐居不肯做官。他读《易》时曾经读到《损》、《益》两卦，有感而发，叹息道："我已经知道富不如贫、贵不如贱，就是不知道死比起生来怎么样。"等儿女嫁娶完毕，向长就不再管理家事，和朋友出游名山，最后不知所终。

shī kuàng qīng ěr　　　lí lóu míng mù

师旷清耳，离娄明目。

【典故】

师旷清耳，离娄明目：《文选·答宾戏》中有"若乃牙、旷清耳于管弦，离娄明目于毫分"的句子。牙即俞伯牙，旷即师旷，都是春秋战国时期著名的乐师。师旷目盲但对声音的辨识能力很强，所以称之为"清耳"。传说晋平公曾经铸造过一口

河南开封古吹台——传说是春秋晋国乐师师旷学艺弹琴的地方

大钟，所有的乐师听后都觉得音律很准，只有师旷指出了它的不足。离娄是传说中黄帝时代的人，据说视力非常好，能在百步之外看到很细小的东西，故而说他"明目"。

zhòng wén zhào jìng　　　lín jiāng zhé zhóu

仲文照镜，临江折轴。

【典故】

仲文照镜：《世说新语·黜免》注引《晋安帝纪》记载：东晋末年，殷仲文被奸臣从朝廷中排挤出去，被任命为东阳太守，对此他感到十分愤恨，后来被牵扯进桓胤谋反的案子中，被处死。传说殷仲文被杀前几天，早起照镜子，看不到自己的头，不久后果然遭遇大祸。

临江折轴：《史记·五宗世家》记载：汉景帝时，太子刘荣被废

为临江王，过了三年，因为占用宗庙旁边空地建造宫殿，朝廷命令其到京城长安接受审查。刘荣临行，在江陵城北门与家眷、宾客告别，上车时，车轴断裂，车子就此坏掉。江陵的父老为之哭泣，私下都说："我们的大王恐怕不会回来了。"刘荣到长安后，因为恐惧而自杀。

luán bā xùn jiǔ　　yǎn shī wǔ mù
栾巴噀酒，偃师舞木。

【典故】

栾巴噀酒：噀，即喷。《神仙传》记载：某年正月初一，汉桓帝大会群臣，赐大家饮酒，栾巴不喝，含着酒向西边一喷。主管官员弹劾栾巴对皇帝失礼，栾巴说："臣的家乡东边发生了火灾，我喷酒是为了救火。"皇帝派人到他的家乡成都去查验，若干天后使者回来报告说当地的确发生过火灾，但从东北方来了一片云，下了场大雨把火浇灭了，奇怪的是雨下完居然满地酒气。

偃师舞木：《列子·汤问》记载：周穆王西巡时，有人推荐一个名叫偃师的工匠。穆王问："你有什么才能?"偃师说："您让我造什么都可以，我已经造了一件东西，想请您看看。"第二天，偃师带来一个假人，行为动作和真人一模一样，而且会表演节目。节目最后，假人居然眨着眼调戏穆王身边的侍妾，穆王非常生气，要杀偃师。偃师急忙把假人拆开，确定这只是个木偶以后穆王才肯罢休。

dé rùn yòng shū　　jūn píng mài bǔ
德润佣书，君平卖卜。

【典故】

德润佣书：阚（kàn）泽，三国时期吴国名士，字德润。《三国志·吴书·阚泽传》记载：阚泽年轻的时候家境贫寒，但又喜好读书，于是去替人抄书，书抄完了，自己也把这些书通读了一遍。

君平卖卜：《汉书·王贡两龚鲍传序》记载：严君平卖卜于成都，每日只给几人占卜，赚得百钱能够自给，就停止做生意，关起门来认真读《老子》，蜀人都敬重他。严君平始终隐居不肯做官，活到九十多岁才去世。

shū bǎo yù rùn　　yàn fǔ bīng qīng
叔宝玉润，彦辅冰清。

【典故】

叔宝玉润，彦辅冰清：《晋书·卫玠传》记载：西晋人卫玠（字叔宝）和他的岳父乐广（字彦辅）都有很好的名声，当时人议论他们，认为当岳父的像冰一样清白，当女婿的像玉一样润泽。后来用"玉润"一词作为女婿的美称。

wèi hòu fà zhěn　　fēi yàn tǐ qīng
卫后发鬓，飞燕体轻。

【典故】

卫后发鬓：卫后即卫子夫，汉武帝的第二任皇后。"鬓"指须发黑而密的样子。《汉武故事》记载：卫子夫最早在平阳公主家做歌女，有一次卫子夫解散头发，恰巧被汉武帝撞见，武帝看她黑发如云极其漂亮，非常喜爱，于是就将她带入宫中。生下太子刘据以后，卫子夫被册封为皇后。

飞燕体轻："飞燕"指汉成帝的皇后赵飞燕。《汉书·外戚传》记载：赵飞燕起初只是一个宫女，擅长歌舞，身体轻盈，传说能在掌上跳舞，被汉成帝专宠十多年，并立为皇后。

xuán shí shēn miǎn　　liú líng jiě chéng
玄石深湎，刘伶解酲。

【典故】

玄石深湎：湎，指沉醉的样子。《搜神记》记载：中山人狄希能造千日酒，同乡刘玄石向他索要，狄希禁不起恳求，给了他一杯。刘玄石喝了后，回家酒性发作，像是死了一样，家人不知道，就把他埋葬了。三年后，狄希想起这事，觉得刘玄石应该醒过来了，就去刘家探望。刘玄石的家人说："刘玄石死了三年了，早已下葬。"狄希于是对刘家人说明原委，大家一起把棺材掘出来打开，刘玄石这才醒过来。

唐代孙位《高逸图》中描绘刘伶醉酒的场景

刘伶解酲：酲，指酒醉的样子。解酲，即醒酒。刘伶说自己"五斗解酲"，是说喝五斗酒只能当做解酒，越喝越清醒。《世说新语·任诞》记载：西晋人刘伶嗜酒如命，他的妻子倒掉了酒，砸掉酒具，哭着劝他戒酒。刘伶说："你说的对。我不能自持，只能通过向鬼神发誓来戒酒了，你准备些酒肉作为供品吧。"于是妻子准备了酒肉，刘伶跪在神像前祷告道："天生刘伶，以酒为名。一饮一斛，五斗解酲。妇人之言，慎不可听。"然后又喝得大醉。

zhào shèng xiè bì　　chǔ zhuāng jué yīng
赵 胜 谢 躄， 楚 庄 绝 缨。

【典故】

赵胜谢躄：躄，指跛脚。谢躄，向跛脚的人谢罪。《史记·平原君虞卿列传》记载：平原君的侍妾看到一个跛脚的门客，一瘸一拐地去打水，不由得大笑起来。第二天，这个门客来找平原君，请求道："士人不远千里来投靠您，是因为您能尊重士人而不看重侍妾。我不幸有残疾，您家中的侍妾居然笑话我，我希望能得到她的头。"平原君笑着答应他，但没有兑现承诺。过了一年多，平原君发现家里的门客走了一大半，问宾客这是什么原因，宾客说："您不杀那个笑话瘸腿门客的侍妾，大家都认为您好色而轻视士人，所以就离开了。"平原君立刻斩杀了那位侍妾，并亲自登门到瘸腿门客家谢罪，此后宾客才陆续回来。

楚庄绝缨：缨，古代帽子上的一种装饰。绝缨，扯断帽子上的缨带。《说苑》记载：楚庄王和群臣饮酒，到了傍晚灯突然灭了，有个喝醉酒的大臣拉扯了宠妃的衣服，宠妃把那个人帽子上的帽缨扯断了，对庄王说："有人拉扯我的衣服，我扯断了他的帽缨，拿火点亮灯烛，看看是谁的帽缨断了。"庄王却对群臣说："今天大家喝酒，不把帽缨扯断了就不尽兴。"于是大家纷纷扯断帽缨，庄王这才让人把火拿出来。两年后，晋楚交战，楚国一位将领奋勇作战，立下很多战功，庄王对他的积极作战感到奇怪，询问缘故，原来他就是之前醉酒失礼拉扯王妃衣裳的人。

ě lái duō lì   fēi lián shàn zǒu
恶来多力，飞廉善走。

【典故】

恶来多力，飞廉善走：《史记·秦本纪》记载：商纣王的大臣飞廉善于快跑，他的儿子恶来则力大无穷，父子都以勇力侍奉纣王。

zhào mèng cī miàn   tián pián tiān kǒu
赵孟疵面，田骈天口。

【典故】

赵孟疵面：王隐《晋书》记载：西晋人赵孟有国士之风，善于决断，因为脸上有黑斑，被时人称为"疵面"。由于他擅谈名理，当时有什么事情处理不了，大家都说："应该去问问那个疵面人。"

田骈天口：《文选》卷三六任昉《宣德皇后令》注引《七略》记载：战国时齐人田骈喜好谈论，齐人称其为'天口骈'。"天口"是说田骈说起话来无穷无尽，就像无边无际的天，让人无力折服。

zhāng píng lǐ kū   péi wěi tán sǒu
张凭理窟，裴颜谈薮。

【典故】

张凭理窟：理窟，盛满义理的洞窟。《世说新语·文学》记载：东晋人张凭和大名士刘惔（tán）谈话非常投机，刘惔把张凭推荐给会稽王司马昱。司马昱与张凭谈话后，也称赞道："张凭勃萃为理窟。"意思是说张凭的话语精彩，如同出产义理的源泉一般，层出不穷。于是任命张凭为太常博士。

裴颜谈薮：薮，指多草的湖泽。《世说新语·赏誉》记载：西晋时人称赞裴颁是"言谈之林薮"，赞美其言谈中流露出的思想丰富，长于论辩。后来用"谈薮"指知识渊博，对答如流。

zhòng xuān dú bù　　　zǐ jiàn bā dǒu
仲 宣 独 步 ， 子 建 八 斗 。

【典故】

仲宣独步：曹植在给杨修的书信中评论当代文人，其中有"仲宣独步于汉南"的句子。仲宣即王粲，建安七子之一。东汉末社会大乱，王粲曾避难于荆州，荆州大多数地区在汉水以南，故说他独步汉南。

子建八斗：传说谢灵运曾说："天下才共有一石之多，曹植（字子建）一个人独占八斗，我得一斗，天下其他文人同用一斗。"这个说法流传很广，但不见于现存关于谢灵运的记载中，可能是刘宋以后的文人附会。

guǎng hàn gōu jù　　　hóng yáng xīn jì
广 汉 钩 距 ， 弘 羊 心 计 。

【典故】

广汉钩距：钩距，古代一种兵器。后引申为辗转推问，套取实情的逻辑思维方式。《汉书·赵广汉传》记载：西汉官员赵广汉擅长通过钩距来考察事情真相。比如想要知道马价贵贱，就先问狗的价格，然后问羊的价格，再问牛的价格，最后才问马的价格。把几个价格互相对比，就知道马到底是贵还是便宜了。

弘羊心计：心计，心算。《史记·平准书》记载：汉武帝时的理财高手桑弘羊是洛阳商人的儿子，擅长心算，统计数字从来不用算筹，故而十三岁就当上了侍中。

wèi qīng bài mù　　qù bìng cí dì

卫青拜幕，去病辞第。

【典故】

卫青拜幕：幕，指军队出征时使用的帐幕。拜幕，指在军营帐幕中拜受官印。《汉书·李广传》记载：汉武帝时，卫青率军三万征讨匈奴，在河套地区取得大捷。汉武帝派使者带着大将军的印绶来到前线，在军营帐幕中拜卫青为大将军。从此，将军的军府就被称为幕府。

去病辞第：《史记·卫将军骠骑列传》记载：汉武帝时，霍去病数次征讨匈奴，功劳很大，武帝为他建造宅邸，让他去看看是否满意。霍去病回答："匈奴未灭，无以家为也。"意为匈奴还没有灭亡，来不及考虑家的问题。汉武帝因此更加看重他。后来用"辞第"来指为国忘家。

lì jì mài yǒu　　jì xìn zhà dì

郦寄卖友，纪信诈帝。

【典故】

郦寄卖友：《史记·吕太后本纪》记载：西汉人郦寄和吕禄是好朋友。吕后死后，大臣要诛杀吕氏家族，忌惮吕禄执掌北军，于是太尉周勃命人劫持了郦寄的父亲郦商，让郦寄去骗走吕禄。郦寄骗吕禄和自己一起出去游玩，周勃趁机接管了北军，诛杀了吕氏子弟。天下人都说郦寄出卖了朋友。

纪信诈帝：诈帝，指伪装成皇帝。《史记·高祖本纪》记载：项羽把刘邦围困在成皋，形势危急。纪信献计，由自己乘刘邦的车出城投降，蒙骗楚军，刘邦听从。于是刘邦趁着纪信出城的机会逃出成皋，纪信则因伪装刘邦的缘故被项羽烧死。

jì shū bù chī　　zhōu xiōng wú huì
济 叔 不 痴 ， 周 兄 无 慧 。

【典故】

济叔不痴：《晋书·王湛传》记载：王湛很有才学，但一向沉默寡言，经常施德于人而不为人所知，兄弟宗族都认为他痴傻，侄子王济见到他甚至都不行礼。有一次王济到王湛家去，偶然间发现王湛的床头有本《周易》，就跟他交谈，王湛对侄子讲说《周易》中深奥的道理，王济对他的独特见解很是佩服；叔侄两人又一起骑马，王湛骑得也非常好。后来王济朝见晋武帝，武帝问王济："你家那个傻叔叔死了吗？"王济回答："臣的叔叔不傻。"

周兄无慧：周兄，指晋悼公的哥哥。晋悼公，姬姓，名周，春秋中期晋国杰出的君主。《左传·成公十八年》记载：晋厉公被本国的大夫谋杀以后，晋国没有君主，于是众大夫到京师洛阳去接晋厉公的小儿子周子（即姬周）回国继任新君。按制度本来应该长子周兄继位，但周子的哥哥智力低下，连豆子和麦子都分不清，没有当国君的能力，所以众位大夫就拥立了弟弟周子。

yú qīng dān dēng　　sū zhāng fù jí
虞 卿 担 簦 ， 苏 章 负 笈 。

【典故】

虞卿担簦：簦，古代一种有长柄的斗笠，相当于现在的伞。《史记·平原君虞卿列传》记载：战国时，士人虞卿穿着草鞋、背着斗笠去游说赵孝成王。第一次见面结束后，赵王赐给他黄金百镒、白璧一双；第二次觐见赵王，赵王就封虞卿为上卿，虞卿名字中的"卿"字就是因官居上卿而来。

湖北监利夔龙纹官帽形挑担
书箱

　　书箱的整体外形酷似古代
的官帽。两侧双龙抱柱的立轴，
外撇的顶部像两片官帽翅子。
中间挑梁上 w 形圆弧铁环，更
像官帽上的顶子。书箱的官帽
形状及夔龙装饰，透露出古人
"学而优则仕"的美好理想。

　　苏章负笈：笈，指书箱。谢承《后汉书》记载：东汉人苏章不
愿为官，背着书箱追随老师，哪怕有千里、万里之远，也不辞辛苦。

nán fēng zhì yùn　　shāng shòu zhuó shè
南 风 掷 孕， 商 受 斮 涉。

【典故】

　　南风掷孕：《晋书·后妃传》记载：晋惠帝的皇后贾南风性情残
酷暴虐，嫉妒成性，做太子妃时就曾亲手杀人，甚至还用戟投向太
子怀孕的侍妾。

　　商受斮涉：商受，即商纣王，因其名为受辛，故有时简称为商
受；斮，即斩、砍。《尚书》中的《泰誓》是周武王伐纣时的檄文，
里面提到商纣王砍断了早晨涉水行走的百姓的小腿，据说是因为纣
王想要看看冷天能够涉水的人的骨髓是否与众不同。

guǎng dé cóng qiáo　　jūn zhāng jù liè
广 德 从 桥， 君 章 拒 猎。

【典故】

　　广德从桥：《汉书·薛广德传》记载：汉元帝去祭祀宗庙，出了

城门后想要换乘楼船，御史大夫薛广德认为应当乘车，于是站在汉元帝的车驾前，脱下帽子叩头劝谏："宜从桥（应该从桥上走）。"还说："如果您不听我的意见，我将拔剑自刎，以血染污您的车轮，使陛下无法进入宗庙。"汉元帝很不高兴。这时，光禄大夫张猛说："我听说君主圣明，臣下才敢直言。坐船有危险，坐车从桥上走安全，圣明的君主不应该选择危险的方式，御史大夫的话值得听从。"元帝说："劝谏人不应该用这种方式吧？"于是才改变了主意，乘车从桥上过去祭祀。

君章拒猎：《后汉书·申屠刚鲍永郅恽列传》记载：郅恽做上东门的守门官时，光武帝出城打猎回来晚了，错过了城门关闭的最后时间，为了劝阻光武帝荒于游猎的行为，郅恽紧闭城门，不让他进城。光武帝无奈，从其他人看守的中东门进了京城。第二天，郅恽上书劝谏光武帝，光武帝奖赏了他，把中东门的守门官降了一级。

yīng fèng wǔ háng　　　　ān shì sān qiè
应 奉 五 行 ， 安 世 三 箧 。

【典故】

应奉五行：《后汉书·杨李翟应霍爰徐列传》记载：东汉人应奉思维敏捷，记忆力也很强，从小到大所经历的事、所到的地方都能准确地记在心里，读书时能一次看五行文字。

安世三箧：箧，指匣子。《汉书·张安世传》记载：张安世因擅长书法，被派到尚书台工作，他工作非常勤恳，即使放假也不肯从官署离开。汉武帝到河东去巡游时，丢了三匣书，没有人知道是什么内容，只有张安世能够一一默写出来。后来官方重新购置了这些书，拿来与张安世所写的比较，毫无差别。汉武帝对张安世的才能感到奇异，就提拔他做了尚书令。

xiāng rú tí zhù　　　zhōng jūn qì xū
相如题柱，　终军弃繻。

【典故】

相如题柱：《华阳国志·蜀志》记载：司马相如离开家乡去往京城时，在城北十里有座升仙桥，相如在桥柱上题字说："不乘赤车驷马，不过汝下也。"意思是不乘贵人的车马，绝不再过这座桥，可见司马相如对自己此行必能博取功名充满期待和信心。后来司马相如以天子使者的身份持节回到故乡，蜀郡太守率领下属亲自出迎，本县的县令背着弓弩，骑着马在车前开道。

终军弃繻：繻，一种彩色丝织品，汉代用来作为出入的凭证。《汉书·终军传》记载：终军被选拔为博士弟子，步行入关，把守函谷关的官吏给他一张繻做成的出入关卡的凭证，告诉他回来时需要验合。终军说："大丈夫西行，绝不再拿着这个凭证回来。"意思是说，此去京城一定建功立业，官居高位才肯回来。于是把繻做成的凭证扔掉了。终军在长安得到汉武帝赏识，被任命为钦差大臣，巡视关东各郡，从函谷关经过，关吏还记得他，说："这就是当年扔掉繻做的凭证的那位儒生啊！"

sūn chén gǎo xí　　　yuán xiàn sāng shū
孙晨藁席，　原宪桑枢。

【典故】

孙晨藁席：藁，一种草本植物，秆中空。藁席，用藁当席。《三辅决录》记载：汉人孙晨年轻时家境贫穷，靠给人编织簸箕养活自己，有时到了冬天连一条御寒的被子都没有，家里只有一捆稻草，每天就把这捆稻草当做铺盖睡在里面，到了白天再收起来。

原宪桑枢：枢，指门轴。《庄子·让王》记载：孔子的弟子原宪在鲁国居住时，住在矮小狭窄的屋子里，用青草做的屋顶，用树枝编的门破破烂烂，门轴则是桑木制成的，用破瓮口做窗子，上漏下湿。原宪虽然住在这样差的环境中，但每天坐在里面弦歌不止，始终自得其乐。子贡做了卫国的丞相，坐着高车大马来看他，问他是不是有病。原宪回答说："没钱是贫穷，学了知识却不能施行这是病。我是贫不是病。"子贡听了肃然起敬，自感惭愧。

duān mù cí jīn　　zhōng lí wěi zhū
端 木 辞 金 ， 钟 离 委 珠 。

【典故】

端木辞金：《吕氏春秋·先识览》记载：鲁国有一条法令，规定鲁国人如在国外被卖作奴隶，有人肯将其赎回的，可以向国家领取相当于赎金的金钱。孔子的弟子端木赐（字子贡）很有钱，赎回人后从不肯去领赎金。孔子说："你这样做，以后没人肯再赎人回鲁国了。"这是因为一般人没有端木赐的财力，但端木赐既然不肯领取赎金，其他人也不好意思再去领取。

钟离委珠：委，抛弃。《后汉书·第五钟离宋寒列传》记载：东汉大臣钟离意做尚书时，交趾太守张恢因贪污被处死，汉明帝将张恢的赃物分赐给群臣，钟离意获得了一些珠宝和玉石，却全部丢在地上拒不接受，也不拜谢皇帝的赏赐。汉明帝感到奇怪，就问他为什么不要，钟离意说："孔子忍住干渴不喝盗泉的水，让我接受这不干净的东西，实在让我为难。这肮脏的东西，我不能要。"汉明帝很赞赏他的气节，就另外从府库里拿出三十万钱赐给他。

jì zhá guà jiàn   xú zhì zhì chú
季札挂剑，徐稚致刍。

【典故】

季札挂剑：《新序·节士》记载：季札出使鲁国，路过徐国。徐国的国君喜欢季札的佩剑，不好意思开口索要。季札心里明白，但作为使者不能没有佩剑，于是打算从鲁国回来的路上再送给他。等到出使回来，路经徐国，徐君已经去世，季札就把佩剑挂在徐君墓旁的树上，自己离开了。随从说："徐君都去世了，留下剑还有什么意义？"季札说："从前我心里已经答应把剑送给徐君了，怎么能因为他去世就背叛了自己的心呢？"后来用"挂剑"指称怀念亡友或对亡友守信，也用来讳称朋友去世。

徐稚致刍：《后汉书·周黄徐姜申屠列传》记载：徐稚曾经多次被太尉黄琼征召，但都没有就职，等到黄琼去世归葬家乡，徐稚却背着干粮徒步赶到江夏，在黄琼的墓旁摆设了鸡、酒祭奠，哭完就离开了，也不告诉别人他的姓名。当时参加葬礼的四方知名人士有郭林宗等好几十人，大家听说了这件事后，怀疑这个人是徐稚，就选派了一个善于辞令名叫茅容的人骑着快马去追他。在路上赶上了徐稚，茅容为他摆上了饭菜，二人谈了些农业生产方面的事情。临别之际，徐稚对茅容说："请替我向郭林宗致谢。大树要倒塌了，不是一根绳子所能维系的。为什么还要忙碌不停，四处奔波呢？"后来，郭林宗的母亲去世了，徐稚又前往吊唁，将一把青草放到墓前祭奠完了就走了。众人看到青草以后很奇怪，不知道这是什么用意。郭林宗说："这个祭奠的人一定是南州高士徐稚了。《诗经》不是说'生刍一束，其人如玉'吗？只是我郭宗林没有这样的品德来胜任啊！"后来用"生刍"雅称吊祭的财物。

zhū yún zhé kǎn　　shēn tú duàn yāng

朱云折槛，申屠断鞅。

【典故】

朱云折槛：《汉书·朱云传》记载：汉成帝时，曾做过皇帝老师的张禹担任丞相之职，但却一再误国误民。朱云上书觐见皇帝，请求赐剑斩杀丞相张禹，以警告其他不轨的大臣。成帝龙颜大怒，下令把朱云拉下去问罪，朱云攀住大殿的栏杆，把栏杆都折断了，他大喊："我能到地下和忠臣比干同游，已经心满意足，可是我大汉朝怎么办？"多亏当时左将军辛庆忌用身家性命担保求情，成帝的怒气才慢慢消减，不予追究。等到要换掉折断的栏杆的时候，成帝说："不要换了，修补一下就可以，以此来表彰敢说话的官员吧。"

台北故宫博物院藏宋人画《折槛图》（局部）
图中描绘了朱云折槛的故事。

申屠断鞅：鞅，是套在马颈或马腹上的皮带。据旧注记载，汉光武帝准备出城游玩，大臣申屠刚认为四川、甘肃等地尚未平定，皇帝不应该纵情山水，用脑袋死死顶住车轮劝谏，也有传说是斩断汉光武帝出行时所乘车马的鞅具，以阻止他远出巡游的。

wèi jiè yáng chē　　wáng gōng hè chǎng
卫玠羊车，王恭鹤氅。

【典故】

卫玠羊车：《晋书·卫玠传》记载：西晋人卫玠容貌秀美，幼年乘着羊拉的小车到集市上去，见到的人都说这孩子是美玉雕成的，几乎整个京城洛阳的人都来围观。可惜，卫玠二十七岁就去世了，当时有人说卫玠是被看死的。后世有用"羊车中人"作为美男子代称的说法。

王恭鹤氅：《世说新语·容止》记载：东晋大臣王恭风采不凡，有人说他身姿秀丽，如同春天的柳树。王恭有一次穿着鹤氅在雪地里走，一个叫孟昶（chǎng）的人看到了，称赞道："此真神仙中人（真是神仙一样的人物啊）。"

guǎn zhòng suí mǎ　　cāng shū chēng xiàng
管仲随马，仓舒称象。

【典故】

管仲随马：《韩非子·说林上》记载：春秋时，齐桓公讨伐孤竹国，回程时迷了路。齐桓公的重臣管仲说："老马的智慧是值得一用的。"于是就放几匹老马在队伍前面走，大队人马在后紧跟，果然找到了回国的路。

仓舒称象：曹操的儿子曹冲字仓舒。《三国志·魏书·武文世王公传》记载：曹冲五六岁时就有相当于成年人的智力。孙权曾经送给曹操一头大象，曹操想知道大象到底有多重，谁也说不出有什么办法可以称量。曹冲说："可以把大象放到船上，在水痕所在的地方刻上一条线，然后把大象牵下来，在船上装上经过称量的重物，直到船重新下沉到刻线处。这样，就知道大象有多重了。"曹操觉得有理，就按照他的办法去做了。

dīng lán kè mù　　bó yú qì zhàng
丁兰刻木，伯瑜泣杖。

【典故】

丁兰刻木：《逸士传》记载：丁兰的母亲去世得很早，丁兰都没有机会供养。于是将母亲的模样刻成木像，就像母亲还活着一样侍奉。后来邻居张叔的妻子跑来借看木像，木像一脸不高兴，因此丁兰的妻子就没有借给她看。张叔借着酒劲跑来辱骂木像，又用木杖敲打她的头，丁兰回来后看到木像满脸不高兴，问过妻子原委后，拿剑将张叔杀死。县吏上门要把丁兰逮捕，丁兰向木像告别，这时木像流出泪来。郡太守听说后，认为丁兰的孝道感动了神明，于是把这件事上报给朝廷。

伯瑜泣杖：《说苑·建本》记载：韩伯瑜犯了错误，他的母亲用拐杖打他，韩伯俞突然哭了起来。母亲问他："从前也打过你，你没有哭，今天为什么哭呢？"他回答说："以前我有错误，您打我都觉得很痛。现在母亲身体不如以前，打我打不疼，所以我才哭。"

chén kuí háo shuǎng　　tián fāng jiǎn ào
陈逵豪爽，田方简傲。

【典故】

陈逵豪爽：《世说新语·豪爽》记载：东晋人陈逵和京城的名士们在牛渚聚会，陈逵擅长言谈，名士们想一起驳倒他。陈逵用如意拄着脸颊，望着鸡笼山叹息道："当初孙策的大志没有实现啊!"从此闷坐一句话也不说。陆逊的意思是现在东晋偏安江南，自己虽有匡复中原的雄心，却没有机会，不能像当年孙策那样雄踞江东，西进荆楚。这样充满家仇国恨的话，让大家没有心情清谈辩论了。

田方简傲：《史记·魏世家》记载：战国时，魏文侯的太子遇到名士田子方，下车向他施礼，田子方很傲慢地过去了，并不回礼。魏太子非常生气，就叫住田子方，问他："是富贵的人可以傲慢呢？还是贫贱的人可以傲慢？"田子方回答道："当然是贫贱的人可以傲慢！诸侯傲慢，就会失去国土；大夫傲慢，就会失去家族封邑。贫贱的人傲慢就无所谓了，不被重用就可以卷铺盖走人，抛弃眼前的俸禄就好比丢掉一双破鞋。"魏太子听后拜了两拜才退下，田子方最终也没有下车。

huáng xiàng fǎng zhǔ　　chén shí wèi dào
黄 向 访 主， 陈 寔 遗 盗。

【典故】

黄向访主：旧说东汉人黄向走在路上，捡到一袋黄金，不肯私吞，而是到处访寻失主，最终把黄金归还，失主想要送给他一半黄金，他头也没回就走了。按此说见于《蒙求》旧注，未见其他出处。

陈寔遗盗：《后汉书·陈寔传》记载：陈寔夜间读书时，有个小偷躲在房梁上。陈寔发现了，就对子弟说："做坏事的人不一定原本就是坏人，有时是习惯改变了天性，就到了这一步，梁上的那位君子就是这样。"小偷吓得跳到地上，磕头谢罪。陈寔没有责怪他，还说："你是因为贫穷才这样吧。"并送给他两匹绢，小偷倍受感动，从此改恶从善。后来用"梁上君子"作为窃贼的代称。

páng jiǎn záo jǐng yīn fāng sì zào
庞俭凿井，阴方祀灶。

【典故】

庞俭凿井：《风俗通义》记载：东汉人庞俭少年时与父亲失散，和母亲一起生活。后来庞俭凿井时得到很多钱财，因而富裕，于是就买了一个老年奴仆，不料这个奴仆就是他的父亲。当时的民谣说："庐里庞公，凿井得铜，买奴得翁。"

阴方祀灶：《搜神记》记载：汉宣帝时，南阳人阴子方至孝、好施舍，又经常祭祀灶神。某年腊月初八，他正在做早饭，突然灶神在他面前显形，于是他杀了一头黄羊来祭祀灶神。从此以后，阴子方的家业越来越繁盛，到他的孙子阴识这一代，成为汉光武帝刘秀的外戚，一家中有四人受封为侯，刺史、太守多达数十人。后世于是便留下腊日用黄羊祭祀灶神的习俗。

hán shòu qiè xiāng wáng méng shì mào
韩寿窃香，王濛市帽。

【典故】

韩寿窃香：《世说新语·惑溺》记载：西晋开国功臣贾充的女儿喜欢上了贾充的属下韩寿，与他私通，又把晋武帝赐给贾充的名香偷出来送给韩寿。有一天贾充召集属下见面，从韩寿身上闻到了特殊的香气，回家后检查自己的收藏，果然丢失了名香。贾充知道女儿和韩寿的私情后，就把女儿许配给了韩寿。

王濛市帽：《晋书·王濛传》记载：东晋人王濛姿容秀美，由于家境贫寒，帽子破了，就自己去市集上买。卖帽子的商人是个老妇，见到王濛长得漂亮，就送给他一顶新帽子，而王濛没有推辞，接受了。当时人都说王濛不拘小节。

gōu jiàn tóu láo   lù kàng cháng yào
句践投醪，陆抗尝药。

【典故】

句践投醪：句践，即勾践，他曾卧薪尝胆，能和老百姓同甘共苦，励精图治，国力不断强大，最终灭吴。醪，指醇酒，即未加水的酒。《列女传》记载：有人献给越王句践一坛子好酒，句践想把酒分给将士们一起共享，但酒太少，没法分。后来，句践想出一个主意，把酒从上游倒进江里，让将士在下游分饮江水。据说越国将士受到这样的激励，打仗时人人奋勇，战斗力比以往强了很多。

陆抗尝药：《晋书·羊祜传》记载：西晋初年，晋国大臣羊祜镇守荆州，与吴国的大将陆抗对峙。陆抗有一次生病，羊祜派人送去药物，吴国有人劝陆抗不要吃羊祜送来的药，陆抗说："羊祜不是下毒害人的那种人。"于是就把药吃了。当时人称赞两人能互相信任，就像春秋时楚国的子反和宋国的华元一样。

kǒng yú fàng guī   zhāng hào duò què
孔愉放龟，张颢堕鹊。

【典故】

孔愉放龟：《搜神记》记载：东晋大臣孔愉没有显达前，路过余不亭，看到有人把一只乌龟养在笼子里，便买下并放走了这只乌龟。乌龟游到水中，几次向左侧扭头，回顾孔愉。后来孔愉立下军功，被封为余不亭侯，铸印时印上的龟钮总是铸成头向左偏的样子，改铸了还是这样。印工实在没有办法，就禀告了孔愉，孔愉想起当年乌龟向左回头的样子，知道这是救龟的福报，就把这枚特殊的侯印接受了下来。

张颢堕鹊：《搜神记》记载：张颢做梁相时，一天雨后，有一只

像山鹊的鸟落到地上，被百姓抓到后就变成了一块圆石头。张颢把
石头打开，里面有一颗金印，印文是"忠孝侯印"。张颢把这件事报
告上去，印也收藏在国库里。后来樊行夷校勘国家的藏书，发现史
书记载尧舜时曾经有"忠孝侯"这个官职。张颢后来官至太尉。后
世就用"鹊印"指得官的喜兆。

tián yù jiǎn sù　　　lǐ xún qīng yuē

田 豫 俭 素 ， 李 恂 清 约 。

【典故】

田豫俭素：《三国志·魏书·田豫传》记载：魏国大臣田豫清廉
俭朴，做护乌丸校尉时，凡是胡人送给他的财物，都登记在册子上，
交给公家，绝不带一丝一毫进家门，因而家境贫寒，哪怕是和田豫
持不同政见的人对他也是无比敬重。田豫去世后，没有为子孙留下
任何遗产，皇帝认为值得赞扬，下诏赐给他家钱财和粮食。

李恂清约：《后汉书·李陈庞陈桥列传》记载：东汉官员李恂做
兖州刺史时，以清俭的作风为属下做出了表率，经常睡在羊皮褥子
上，盖布制的被子。当时大将军窦宪率军征讨匈奴，远近州郡的官
员为了讨好窦宪，都争着给他送礼，只有李恂坚守气节未送礼品，
最终被窦宪罗织罪名免官。后回归乡里，生活清贫。时遇岁荒，当
时的司空、司徒派人给他送去粮食，他坚辞不受，以野果、草籽、
橡实为生。在老家终老，享年九十六岁。

yì zòng gōng piāo　　　zhōu yáng bào nüè

义 纵 攻 剽 ， 周 阳 暴 虐 。

【典故】

义纵攻剽：攻剽，指侵扰劫夺。《史记·酷吏列传》记载：西汉

人义纵年轻时，与张次公一起做强盗，劫夺财物。义纵的姐姐懂医术，颇受太后的宠信，太后让汉武帝给义纵安排了一个官职。义纵做官敢于执行法令，不宽纵权贵，因此县中事务没有拖延的，在政绩考评中经常被评为第一。

周阳暴虐：周阳，指西汉官员周阳由。《史记·酷吏列传》记载：周阳由性情暴虐，同样是犯了法的人，他喜爱的人，即使歪曲法律也要让其活下来；他厌恶的人，即使歪曲法律也要杀掉。到某一郡做太守，一定要诛灭当地的豪族。

mèng yáng zhì wǎ   jiǎ shì rú gāo
孟 阳 掷 瓦 ，贾 氏 如 皋 。

【典故】

孟阳掷瓦：《语林》记载：西晋文学家张载（字孟阳）容貌极丑，每当乘车上街，小孩都拿起砖瓦来掷他，经常回到家以后砖瓦石头已经堆了满车。

贾氏如皋：如，去、往。皋，指水边的高地。如皋，指到水边的高地去。《左传·昭公二十八年》记载：古时有一位贾大夫，容貌极丑，娶了一位貌美的妻子，妻子三年不说不笑。后来有一天，贾大夫驾车带着妻子到了水边的湿地，一箭射下来一只雉鸡，展示了自己的才艺，他的妻子才开始有笑容，也肯说话了。

yán huí dān piáo   zhòng wèi péng hāo
颜 回 箪 瓢 ，仲 蔚 蓬 蒿 。

【典故】

颜回箪瓢：箪，一种盛饭的竹器。《论语·雍也》记载：孔子称赞颜回说："吃的只有一竹筐饭，喝的只有一瓢水，住在简陋的巷子里，换了别人都难以忍受，颜回却能始终自得其乐。颜回是个贤人啊！"其原话为："一箪食，一瓢饮，在陋巷，人不堪其忧，回也不改其乐。贤哉回也！"

仲蔚蓬蒿：《三辅决录》记载：东汉高士张仲蔚懂天文，学问渊博，喜欢写诗作赋，然而不肯出来做官。他所住的地方极其荒凉，蓬草和蒿草长得比人还高。

mí zhú shōu zī　　huán jǐng dēng gāo
糜竺收资，桓景登高。

【典故】

糜竺收资：《搜神记》记载：东汉糜竺世代经商，家财万贯。有一次他从洛阳回来，路遇一个妇女，要糜竺搭载她一程，糜竺就让她上车。走了几里地，妇人下车，对糜竺说："我是上天的使者，奉命来烧你家，感谢你搭载了我一段路，故而把实情告诉你。"糜竺求妇人不要烧，妇人回答道："不烧是不可能的，这样，你赶紧回家，我走得再慢一些，到中午时分就会起火。"于是糜竺疾驰回家，把家中的财物都搬出来，太阳到头顶的时候，果然家里无故起火了，糜竺的大部家产得以保全。

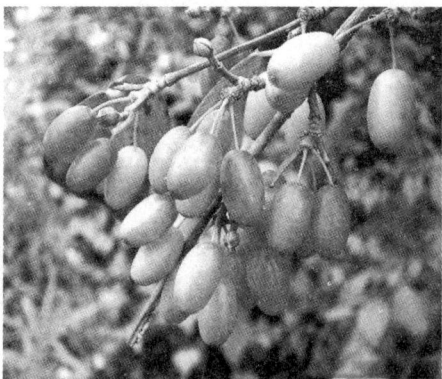

山茱萸果

桓景登高：《续齐谐记》记载：汝南人桓景随费长（zhǎng）房游学，费长房对他说："九月初九你家会有灾难。应该让全家人每人做一个红色的布袋，里面装上茱萸，

系在胳膊上，大家一起登上高处，喝菊花酒，就可以消除灾祸。"桓
景照他的话去做，全家登山。傍晚下山回家，发现家里的鸡犬牛羊
无缘无故全死了，费长房说这是代桓景的家人受难。

léi huàn sòng jiàn　　　lǚ qián pèi dāo

雷 焕 送 剑，吕 虔 佩 刀 。

【典故】

雷焕送剑：《晋书·张华传》记载：西晋大臣张华夜里观察星
象，发现斗宿与牛宿两个星区间有一股紫气，而且越来越明亮。豫
章人雷焕精通天文，张华请他来一起观察这股紫气，雷焕说这是宝
剑的精气，在豫章郡丰城县，张华就委任雷焕为丰城县令，去寻找
宝剑。雷焕到任后，从监狱的地基中挖到一个石盒，里面有"龙泉"
"太阿"两口宝剑。雷焕将其中一口送给张华，另一口留下自己佩
戴。后来张华被杀，宝剑下落不明。雷焕死后，他的儿子带着宝剑
路过延平津，宝剑居然自己飞到了水里，派人下水打捞，没有找到
宝剑，只看到两条长龙在波涛里翻滚，此后再也没见到这两把宝剑
流传于世。

吕虔佩刀：《晋书·王祥传》记载：曹魏时的兖州刺史吕虔有一
口佩刀，让相刀的人来看，都说必须是官至三公的人才能佩戴。吕
虔于是对属下王祥说："如果不是合适的人，佩戴这口刀反而可能带
来灾祸。你有做三公的器量，这口刀就送给你吧。"王祥再三推辞，
吕虔坚持要送给他。后来王祥累任三公，成为魏末晋初的名臣。王
祥死后又把宝刀送给弟弟王览，王览后来官至太中大夫。后来用
"吕虔刀"作为宝刀的美称。

lǎo lái bān yī　　huáng xiāng shān zhěn
老莱斑衣，黄香扇枕。

【典故】

老莱斑衣：《太平御览》引《孝子传》记载：春秋时，楚国人老莱子非常孝顺，快到七十岁了，父母都还健在。老莱子为了让父母高兴，就经常穿着孩子才穿的斑衣（彩色交杂的衣服），装扮成小孩模样，在父母面前逗他们开心。有一次，老莱子打了水到堂屋里面去，不小心摔了一跤，为了不让父母难过，就躺在地上学小孩啼哭，让父母以为他是故意如此来娱乐老人的。

黄香扇枕：《后汉书·文苑列传》记载：黄香九岁丧母，侍奉父亲极为孝顺，夏天睡觉前用扇子把父亲的枕席扇凉，冬天自己先钻到父亲的被子里把被子焐热。

wáng xiáng shǒu nài　　cài shùn fēn shèn
王祥守奈，蔡顺分椹。

【典故】

王祥守奈：奈，即沙果，苹果的同属植物。《晋书·王祥传》记载：王祥是东汉时期的大孝子，他幼年丧母，后母对他很不好，经常在父亲面前说他坏话，又给他安排了很多苦活累活。父母生病了，他守在病床前衣不解带，父母喝的药一定亲自先尝，生怕太热或太凉。寒冬腊月母亲想吃鱼，王祥就脱了衣服准备化开河面上的冰去抓鱼，谁知冰突然自己破碎，跳出两条鲤鱼来。母亲想要吃烤麻雀，又有数十只黄雀飞入王祥的帐子里。王家有一棵沙果树，要结果时，后母就让王祥去看守。每当刮风下雨，果子都会遭到损伤，王祥感伤于自己不能谨遵母命、护持住果树，就

抱着树哭泣。王祥的孝顺一
向都是这样。

蔡顺分椹：《东观汉记·
蔡顺传》记载：王莽末年，天
下大乱，民间闹饥荒甚至出现
人吃人的现象。蔡顺为奉养母
亲，出外采摘桑葚以供母亲食
用。一天，采桑葚的蔡顺被赤

桑葚

眉军俘虏，赤眉军问他："为什么要把桑葚按颜色分开放？"蔡顺回
答："黑色的是给母亲吃的，红色的是我自己吃的。"因为黑色的熟
透了软而甜，红色的半生不熟酸而硬。赤眉军被蔡顺的孝心所感动，
送给他两斗盐。

huái nán shí shí　　　zuǒ sī shí rěn
淮 南 食 时， 左 思 十 稔。

【典故】

淮南食时：食时，即日食时，古人一天只吃两顿饭，上午吃饭
的时间称为日食时，大约相当于现在的七点至十点。《汉书·淮南王
安传》记载：西汉的淮南王刘安擅长文学。他到长安来朝见汉武帝
时，武帝命他注释《离骚》。刘安清晨接到命令，到上午吃饭时就注
释完了。

左思十稔：稔，指丰收，又因古代作物大多一年一收，所以也
以"稔"代指"年"。《晋书·文苑传》记载：西晋文学家左思撰写
《三都赋》，描绘曹魏、蜀汉、孙吴三个政权的都城景象，花费了十
年时间构思，其间还用了很多工夫搜集材料。赋写完后，得到重臣
张华的称赞，于是京城人士竞相抄写，一时间洛阳的纸价都上涨了。

liú dàn qīng niàng　　xiào bó tòng yǐn
刘惔倾酿，孝伯痛饮。

【典故】

刘惔倾酿：《世说新语·赏誉》记载：东晋名士刘惔对何充（字次道）的才华十分倾慕，听说何充喜欢喝酒，刘惔说："见何次道饮酒，使人欲倾家酿。"意为看到何充喝酒，让人想把家中的美酒都拿出来让他喝个够。据说何充喝酒时总能保持温文尔雅的风度，不因喝得多而有所失态，所以刘惔这样说。

孝伯痛饮：《世说新语·任诞》记载：东晋末年的大臣王恭说："名士不一定需要有人所不及的才能，只要时常清闲无事，能痛饮美酒，再加上熟读《离骚》，便可称得上是名士了。"

nǚ wā bǔ tiān　　zhǎng fáng suō dì
女娲补天，长房缩地。

【典故】

女娲补天：《淮南子·览冥训》记载：传说上古时候，天塌地陷，地上大火肆虐，洪水泛滥，猛兽凶禽都来捕杀人类。女娲融化五彩石来补天，斩断巨鳌的腿来当天柱，又斩杀黑龙，驱赶猛兽，堵住洪水，人们才得以重新安居。

长房缩地：《神仙传》记载：费长房能缩地脉，使用这种法术，能让千里之外的地点如在眼前，又能把两地的距离重新恢复原状。

1989 年发行的女娲补天明信片（图片部分）

jì guī shì shǒu　　cháng rú guó qì
季珪士首， 长孺国器。

【典故】

季珪士首：《三国志·魏书·崔琰（yǎn）传》记载：东汉末年，名士崔琰死后，崔林和陈群讨论冀州当地的名士，都认为崔琰是名士之中排在首位的人物。

长孺国器：国器，旧时指可以治国的人才。《史记·韩长孺列传》记载：西汉大臣韩安国（字长孺）富于智谋，虽然贪财好利，但所推举的人却多是廉洁之人。韩长孺在梁国时，推举了壶遂、臧固、郏他，都是天下名士，所以士人都很尊重他，天子也认为他是国器。

lù wán wú rén　　jiǎ xǔ fēi cì
陆玩无人， 贾诩非次。

【典故】

陆玩无人：《晋书·陆玩传》记载：东晋成帝在位时，一年之中连续有王导、郗鉴、庾亮三位重臣去世，朝野震动。由于陆玩平素声望很高，品德也很优良，于是皇帝任命他为侍中、司空。有人到陆玩家道贺时，要了一杯酒，浇在陆家的柱梁之间，祝告说："当今没有好的木材，用你当柱石，可不要弄得房倒屋塌啊。"陆玩知道客人是在讥讽自己，笑着说："一定记住您的良言。"又对宾客叹息说："用我当三公，是天下实在没有人才了。"当时人都认为陆玩能够正确估计自己。

贾诩非次：非次，指不合次序。《三国志·魏书·贾诩传》注引《荀勖别传》记载：晋武帝问荀勖什么人可以做司徒，荀勖说："三公是民众所瞩目的职位，举国上下都在盯着他，不能选择不称职的人来做。当年魏文帝用贾诩做太尉，孙权就笑话他用人不得当。"

hé yàn shén fú   guō yì xīn zuì
何晏神伏，郭奕心醉。

【典故】

何晏神伏：《世说新语·文学》记载：曹魏学者何晏注解完《老子》后，去看望王弼，王弼也正好注释了《老子》。何晏见王弼的注释文字精奇，衷心佩服，说："像这样的年轻人，可以和他谈论天人之际了。"于是把自己的《老子》注改写成《道》《德》二论，不敢和王弼争胜，当时王弼只有二十多岁。

郭奕心醉：郭奕是东晋名臣，官至尚书，有识人之能。《晋书·阮咸传》记载：阮咸放任旷达不拘礼节，与叔父阮籍遨游于山林，当时讲礼义法度的人都讥讽他的所为。阮咸和阮籍居在路南边，其他阮姓的族人居住在路北边。北边姓阮的富裕而南边的贫穷。到七月初七日这天，北边阮家的晒各种衣服，都是锦绣绸缎灿烂夺目。阮咸用竹竿在大庭挂出一只布做的裤头，有人感到奇怪，他说：不能超脱世俗，姑且如此而已。郭奕为人清高，在当时素有识人之能，他很少夸赞别人，但是见到阮咸以后，"心醉，不觉叹焉"。

cháng lín dài jīng   gāo fèng piāo mài
常林带经，高凤漂麦。

【典故】

常林带经：《三国志·魏书·常林传》注引《魏略》记载：常林年轻的时候家境贫寒，但非常好学，甚至经常带着经书去耕地，成为一名饱学之士后，官至光禄大夫。

高凤漂麦：《后汉书·逸民传》记载：高凤的妻子去田里种地，让高凤在家里看守晒麦子的场地，不要让鸡吃了麦子。高凤拿着赶鸡的竹竿，心思却放在书上。天降大雨，把麦子都冲走了。妻子回来，问高凤麦子怎么样了，高凤这才觉察刚才已经下过了雨。后来用"漂麦"作为专心读书的典故。

mèng jiā luò mào　　　yǔ yǐ duò zé
孟 嘉 落 帽， 庾 颐 堕 帻。

【典故】

孟嘉落帽：《孟嘉别传》记载：孟嘉做桓温的参军，桓温重阳节在龙山宴请部属，风吹掉了孟嘉的帽子，孟嘉自己还没有感觉。过了一阵，孟嘉去厕所，桓温命人把帽子捡起来，并叫孙盛写了一篇文章嘲笑孟嘉。孟嘉从厕所回来，看到文章，要了一支笔作答，文辞卓越，参加宴会的没有一个不佩服的。

庾颐堕帻：《世说新语·雅量》记载：西晋末年，庾颐在东海王司马越的幕府当差，东海王罗织罪名陷害了不少人，只有庾颐置身事外，无机可乘。刘舆想要害他，知道他很富有但又吝啬，就唆使司马越向他换一千万钱，如果他不肯，就可

河南安阳出土的隋代张盛墓戴平巾帻的瓷俑

帻是古人裹在额头上的布。西晋末年出现了一种前面呈半圆形平顶，后面升起呈斜坡形尖突，戴时不能覆盖整个头顶，只能罩住发髻的小冠，就是平巾帻。

以编织罪名陷害他了。庾颐当时已经醉酒，头上的巾帻掉在桌子上，庾颐一边试着把头伸到帽子里面（酒醉的表现），一边说："下官家里有两三千万钱，随便您用。"刘舆的阴谋破产，司马越事后对刘舆说："不要以小人之心度君子之腹。"

lóng féng bǎn chū　　zhāng huá tái chè

龙逢版出， 张华台坼。

【典故】

龙逢版出：《论语谶（chèn）》记载：夏桀荒淫无道，夏朝的贤臣关龙逢进谏却被杀。后来，王宫庭院的地中挖到一块金版，上面写着"臣族虐，王禽"。意为关龙逢被残酷杀害，夏王必然会为人所擒获。

张华台坼：坼，裂开。《晋书·张华传》记载：西晋大臣张华的儿子张韪（wěi）看到天上的中台星分裂成两颗星，认为这是他父亲要遭灾难的征兆，劝张华辞职回家。张华不从，后来果然为权臣所害。

dǒng fèng huó xiè　　biǎn què qǐ guó

董奉活燮， 扁鹊起虢。

【典故】

董奉活燮：活，救活。燮，即士燮，东汉末年一度割据交州的军阀。《神仙传》记载：东汉末年，交州刺史士燮病死。三天后，董奉到士燮府中，拿出三颗药丸放在士燮嘴里，给他灌下一些水，让人捧着他的头轻轻摇动，把药送下去。过了一会儿，士燮的手脚就能动了，脸色也恢复了正常。再过半日，士燮能够坐起来。四天后，士燮能够说话，彻底脱离了危险。

扁鹊起虢：起，救
起，救活。虢，是春秋
时的诸侯国，这里指虢
国太子。《史记·扁鹊仓
公列传》记载：春秋时，
虢国的太子病死了，扁
鹊让弟子为虢国太子针
灸和热敷，太子竟然起

山东微山两城出土的扁鹊针灸汉画像石拓片

死回生。当时大家都传说扁鹊能够救活死人，扁鹊则说："我不能救活死人，他本来就没有死，我不过是叫他起来罢了。"

kòu xún jiè yī　　hé wǔ qù sī
寇恂借一，何武去思。

【典故】

寇恂借一：寇恂，东汉"云台二十八将"之一。《后汉书·邓寇列传》记载：汉光武帝刘秀征讨割据势力隗嚣时，颍川发生民变，光武帝急忙回师镇压。曾任颍川太守的寇恂也随光武帝前往。光武帝到颍川后，叛军很快投降。由于寇恂在颍川任职时颇有恩惠，颍川父老向光武帝请求"借寇君一年"，即留寇恂再担任一年颍川太守，这一要求得到光武帝同意。

何武去思：去思，"去后常见思"的省略，见思，被人思念。《汉书·何武传》记载：西汉后期的大臣何武曾经多次担任地方长官。他在职时，为人宽厚，经常向朝廷举荐贤人，夸赞属下的长处。当他离任后，属下的官吏百姓经常想念他。

韩子《孤愤》，梁鸿《五噫》。

<small>hán zǐ　　gū fèn　　liáng hóng　　wǔ yī</small>

【典故】

　　韩子孤愤：韩子，即韩非子，战国时韩国贵族，法家代表人物之一。孤愤，因孤高而产生的悲愤之情，也是韩非所著文章的篇名。《史记·老子韩非列传》记载：韩非看到韩国衰弱，多次向韩王上书劝谏，并提出一系列变法图强的举措，但韩王不接受他的意见。韩非对此既无奈又悲愤，写了《孤愤》、《五蠹》等文章，颇受秦王的赏识，被邀请到秦国，可惜最后被秦相李斯陷害致死。

　　梁鸿五噫：五噫，是东汉人梁鸿所作诗歌的名字，诗共五句，每句末有一个"噫"字表示叹息，故得名。《后汉书·逸民列传》记载：梁鸿路过洛阳，看到皇帝沉浸于奢靡享受，人民却生活在水深火热之中，就作《五噫之歌》进行讥讽："陟（zhì）彼北芒兮，噫！顾览帝京兮，噫！宫室崔嵬（wéi）兮，噫！人之劬（qú）劳兮，噫！辽辽未央兮，噫！"意思是"上了北邙山啊，回头看京城啊，宫室高大啊，百姓们辛苦啊，永远没有尽头啊！"

蔡琰辨琴，王粲覆棋。

<small>cài yǎn biàn qín　　wáng càn fù qí</small>

【典故】

　　蔡琰辨琴：《幼童传》记载：东汉文学家蔡邕（yōng）的女儿蔡琰从小就精通音律。蔡邕有一次夜里弹琴，不小心拂断了一根弦，蔡琰听到后说："这是第二根弦断了。"蔡邕认为女儿是偶尔猜中，又故意折断一根来测试，蔡琰说："这是第四根弦。"果然与断掉的弦相符。

王粲覆棋：覆，还、返回。王粲把乱掉的棋局重新摆出来，故而称为"覆"。《三国志·魏书·王粲传》记载：东汉末年的文学家王粲记忆力非常好，有一次看人下棋，棋盘乱了，王粲就把这盘棋重新摆了出来。下棋的人不相信他的记忆力如此之好，就另摆了一盘棋，让王粲看了以后，用手巾盖上，要求王粲重新摆出来，王粲果然一子不差地摆出来了。

台北故宫博物院藏宋代苏汉臣《长春百子图》（局部）
图中描绘了童子下棋的场面。

xī mén tóu wū   hé qiān fén cí
西门投巫，何谦焚祠。

【典故】

西门投巫：《史记·滑稽列传》记载：西门豹做邺城的地方长官时，得知当地豪强和巫婆勾结起来，以替河伯娶妻为由，每年要把一个女子扔到漳水中，还从民间搜刮大量的钱财。西门豹为制止这种行为，借口新娘长得丑，把巫婆与豪强投进漳水，从此邺城没有人再敢提为河伯娶妻的事情。

何谦焚祠：何谦是东晋的一名将领，骁勇果敢，屡立战功。据说他不信神佛，遇到所谓"灵验"的庙宇祠堂，都放火烧毁。此事系《蒙求》旧注所载，可能是十八家旧《晋书》的记载，而不见于今本《晋书》。

mèng cháng huán zhū　　liú kūn fǎn huǒ
孟尝还珠，刘昆反火。

【典故】

孟尝还珠：《后汉书·循吏列传》记载：东汉孟尝任合浦太守，当地海里产珍珠，由于前任的太守及所属各县的县令都很贪婪，不停地派人到海里采珠，珠蚌大量减少，致使珠蚌都迁移到了邻郡。孟尝到任后，停止了过去的错误做法，为百姓除弊兴利，过了不到一年的时间，据说珠蚌又都回来了。后来用"还珠"形容为官清廉，政绩卓著。

刘昆反火：《后汉书·儒林列传》记载：东汉人刘昆做江陵令时，江陵经常发生火灾，刘昆焦急得对火叩头，天上立刻下起大雨来灭火，助长火势的大风也为之转向。后来刘昆到朝廷做官，汉光武帝问他："你在江陵时，能够让风转向，降雨灭火，是因为施行什么样的德政才有这样的效果啊？"刘昆回答道："不过是偶然罢了。"皇帝左右的近侍都笑话刘昆不会说话，光武帝却叹息道："这是忠厚长者说的话啊！"

jiāng gōng gòng bèi　　kǒng róng ràng guǒ
姜肱共被，孔融让果。

【典故】

姜肱共被：姜肱和弟弟仲海、季江以孝行闻名天下。《后汉书·周黄徐姜申屠列传》记载：姜肱和两个弟弟的感情非常好，从小就经常睡在一起。直到娶妻以后，三人还舍不得分开。

孔融让果：《孔融家传》记载：东汉文学家孔融小时候和兄长们一起吃梨，孔融经常挑小的来吃。大人们问他为什么选小的不选大的，孔融说："我岁数小，应该吃小的。"于是整个家族的人都觉得这个小孩以后必定有出息。

duān kāng xiāng dài　　liàng zhì gé zuò
端 康 相 代， 亮 陟 隔 坐。

【典故】

端康相代：端康，指东汉父子韦端和韦康。相代，相继。《三辅决录》记载：东汉末，凉州牧韦端被征召到朝廷任太仆，他的儿子韦康接替他，做凉州刺史。当时的人谈论起来，都认为这是很光荣的事情。

亮陟隔坐：《吴录》记载：孙吴景帝孙休在位时，纪亮做尚书令，他的儿子纪陟做中书令，都是皇帝身边的重要官员。每当召开朝会时，孙休总是让人用屏风把纪亮父子的座位隔开，以示父子虽然是同僚，但还有尊卑之分。

zhào lún liú guài　　liáng xiào niú huò
赵 伦 鹠 怪， 梁 孝 牛 祸。

【典故】

赵伦鹠怪：赵伦，即司马伦，西晋宣帝司马懿第九子，封赵王。鹠，传说中的一种怪鸟。《晋书·赵王司马伦传》记载：西晋时，司马伦篡夺皇位，在宫中捉到一只奇怪的鸟，没有人知道叫什么名字。后来，在宫城西边出现了一个穿白衣的小孩，说这种鸟叫"服刘鸟"，司马伦下令把小孩和鸟一起关在监牢里。不想第二天打开牢门时，小孩和鸟都不知所踪了。司马伦眼睛上长有一个瘤子，故而当时认为"服刘"是司马伦将被压服的征兆。至于这种鸟叫做"鹠"，则不见于现存典籍记载。后来司马伦的政权被颠覆，妻子儿女被杀，自己也被赐死。

梁孝牛祸：《汉书·五行志》记载：西汉景帝时，梁孝王刘武到北山打猎，有人献上一头怪牛，牛的脚长在背上。刘武很讨厌它，认为这是上天要降下灾祸给自己的警示。到了这年的六月，刘武果然患上了热病，得病后六天就死去了。

huán diǎn bì mǎ　　　wáng zūn chì yù
桓典避马，王尊叱驭。

【典故】

桓典避马：《后汉书·桓典传》记载：桓典做侍御史时不畏权贵，经常上书攻击掌权者的不当行为，住在京城洛阳的人都很畏惧他。由于他常骑一匹骢马（一种青白色的马），京城的人都说："走走就停下吧，要躲开骢马御史啊！"

王尊叱驭：《汉书·王尊传》记载：益州邛郲（lái）有一险要之地九折阪，王阳做益州刺史时到各地巡视，经过九折阪时感叹："身体是父母留给我的，怎么能总在这样危险的地方经过呢？"就称病辞官了。后来王尊任益州刺史，也路过九折阪，问随行的官员："这里不是王阳所害怕的那条路吗？"官员回答："正是。"王尊就呵叱给他驾车的人，说："不要怕，把车赶过去！王阳是个孝子，王尊要做忠臣！"

cháo cuò qiào zhí　　　zhào yǔ lián jū
晁错峭直，赵禹廉倨。

【典故】

晁错峭直：峭直，严峻刚正。《汉书·晁错传》记载：西汉大臣晁错为人严峻刚直，苛刻薄情，曾先后提出一系列加强中央集权、削弱地方势力的举措，更因善辩而得到汉景帝的信任，被称为"智囊"，后因吴楚七国之乱被腰斩。

赵禹廉倨：廉倨，廉洁孤傲。《史记·酷吏列传》记载：西汉官员赵禹廉洁而孤傲，做官以后，就不再招待私人宾客。公卿大臣设宴招待他，他也不回请对方。赵禹这样做，目的是要断绝和亲友宾客的来往，以防对处理公务造成影响。

liàng wèi jīn guó　　bèi shī bǐ zhù
亮 遗 巾 帼，　备 失 匕 箸。

【典故】

亮遗巾帼：遗，送给、给予。巾帼，我国古代妇女的一种假髻，因只用于妇女，所以引申为妇女的代称。《晋书·宣帝纪》记载：三国时期，诸葛亮率军攻魏，与司马懿在五丈原对峙。司马懿坚守不出，诸葛亮则求战心切，一心要诱司马懿出战，于是派人送给司马懿一身女人穿的衣服，意在羞辱司马懿胆小如鼠、不敢出战，就像个女人一样，想要以此激怒他出战。

备失匕箸：匕箸，勺子和筷子。《三国志·蜀书·先主传》记载：刘备曾经寄居在曹操麾下，一心装作胸无大志的人，唯恐曹操识破自己的人生抱负，加害于己。有一次，曹操与刘备煮酒论英雄，说："今天下英雄，唯使君与操耳。"意思是说当今天下的英雄，只有使君刘备和我曹操了。刘备被这句话所震动，吓得把吃饭用的勺子和筷子都掉到了地上。

zhāng hàn shì yì　　táo qián guī qù
张 翰 适 意，　陶 潜 归 去。

【典故】

张翰适意：《世说新语·识鉴》记载：张翰看到秋天叶落，就更加思念自己的故乡，想起家乡的菰菜羹和鲈鱼脍。他对人说："人生也不过寻求自在而已（原话为"人生贵得适意尔"），何必到几千里外邀取功名利禄呢？"于是就直接驾车回家了。

陶潜归去：《宋书·隐逸传》记载：陶潜做彭泽县令时，上级派人来巡察，按照规定，县令应该穿正式的服饰去迎接他。陶潜说："我不能因为五斗米的俸禄就向乡里小儿弯腰啊！"于是当天就辞官了。回乡后，陶潜写了一篇《归去来兮辞》，以表示自己不愿再出仕、甘于过田园生活的意愿。

wèi chǔ nán guǎn　　　　hàn xiàng dōng gé
魏　储　南　馆　，　汉　相　东　阁 。

【典故】

魏储南馆：魏储，即魏国储君、太子曹丕。南馆，即南边的客舍。泛指接待宾客的处所。《文选·魏文帝与吴质书》里有"驰骋北场，旅食南馆"的句子，描绘的是他与身边的文学侍从一起游玩的景象。

汉相东阁：汉相，指汉武帝的丞相公孙弘。东阁，东向的小门。《史记·平津侯主父列传》记载：公孙弘做丞相时，将丞相府的东阁用于接待贤者，俸禄都花费在宾客身上，自己只能盖布被。

chǔ yuán zhì lǐ　　　chén fān xià tà
楚　元　置　醴　，　陈　蕃　下　榻 。

【典故】

楚元置醴：楚元，即刘邦的弟弟楚元王刘交。醴，甜酒。《汉书·楚元王传》记载：穆生等人年轻时与楚元王刘交一起向浮生伯学过《诗经》。楚元王把穆生与几位同学一起请出来做官，对他

们非常尊重。由于穆生不爱喝酒，元王每次在宴会时都给他特意
准备好甜酒。等到元王的孙子刘戊继位，初期也像祖父在世时一
样为穆生特别准备甜酒，后来渐渐不再准备。穆生说："楚王已经
不尊重我了，我该走了。"就称病辞官。与穆生一起做官的同学对
此不以为然，后来果然遭到刘戊的迫害。后来用"置醴"、"设醴"
指礼遇贤上。

陈蕃下榻：《后汉书·徐稚传》记载：陈蕃做豫章太守时，不
轻易与人交往，只有徐稚来的时候才接见。陈蕃为徐稚特别准备
了一张榻，徐稚一离开，就把榻悬挂起来。后来称礼遇宾客为
"下榻"。

唐代顾恺之绘《列女仁智图卷》中设山水围屏的坐榻

guǎng lì quán yǒng　　　wáng bà bīng hé
广 利 泉 涌， 王 霸 冰 合。

【典故】

广利泉涌：《后汉书·耿弇（yǎn）列传附耿恭传》记载：耿恭
在车师这个地方被匈奴人围困，城中无水。耿恭说："从前贰师将军

李广利拔佩刀刺山，泉水从刀口涌出，现在汉朝德运绵长，怎么会缺水呢？"于是向天祈求水源，果然井里涌出了水。

王霸冰合：冰合，河面结冰。《后汉书·铫（diào）期王霸祭遵列传》记载：汉光武帝刘秀与河北的割据势力王郎相争，一度撤退到下曲阳，当时传说王郎的追兵就在后面，刘秀的随从都很恐惧。光武帝派人去看滹沱河能否渡过，回报说河水里掺杂着碎冰，又没有船，不能渡河。又派王霸去看，王霸看到的情景也一样，但害怕再这样回报会导致恐惧，想把大家骗到水边，和王郎背水一战，于是回报说河水已经冻成冰了。光武帝率领队伍来到滹沱河边，不想河水真的凝成了冰，于是光武帝率众渡河而去。

kǒng róng zuò mǎn　　zhèng chóng mén zá

孔 融 坐 满， 郑 崇 门 杂。

【典故】

孔融坐满：《后汉书·郑孔荀列传》记载：东汉文学家孔融担任太中大夫这一闲职后，天天都有很多宾客来拜访。孔融为此经常说："坐上客恒满，樽中酒不空，吾无忧矣。"

郑崇门杂：《汉书·郑崇传》记载：西汉官员郑崇曾经多次阻拦皇帝任用外戚，被皇帝疏远，得罪了太后和许多大臣。这时有人向皇帝说郑崇的坏话。于是，皇帝质问郑崇："你家每天有那么多人进进出出，就像市集一样热闹，为什么还要阻止别人接近我呢？"郑崇回答："我家热闹得像市集一样，我的心却像水一样清白，不信您可以派人调查。"原话为："臣门如市，臣心如水。愿得考覆。"（臣门如市，形容车马盈门，谒见奔走者甚多。臣心如水，意为臣者廉洁奉公，心清如水）

zhāng kān zhé yuán   zhōu zhèn lòu chuán
张 堪 折 辕 ， 周 镇 漏 船 。

【典故】

张堪折辕：《后汉书·郭杜孔张廉王苏羊贾陆列传》记载：东汉初，张堪被任命为蜀郡太守，在任期间很有政绩。后来汉光武帝召见各郡到朝廷汇报工作的郡吏，询问各郡太守政绩如何，蜀郡的官吏报告说："前蜀郡太守张堪在任时，对百姓仁慈有恩惠，对恶人能够以威严压制。平定公孙述时，缴获了很多财宝，随便拿一些，就够子孙十代的享受，而张堪离任时，所乘车子的车辕破旧得快断了，被子和包裹都是布做的。"

周镇漏船：《世说新语·德行》记载：东晋人周镇从临川太守任上离职，回到京城建康，丞相王导去看他。当时周镇住在回程的船里，天降暴雨，船本身很狭小，船篷又有很多洞，一下雨船里都是水，没有可坐的地方。王导感慨周镇的清廉，当即启用他去吴兴郡当太守。

guō jí zhú mǎ   liú kuān pú biān
郭 伋 竹 马 ， 刘 宽 蒲 鞭 。

【典故】

郭伋竹马：竹马，旧时儿童游戏时当马骑的竹竿。《后汉书·郭杜孔张廉王苏羊贾陆列传》记载：郭伋在王莽时曾任并州牧，有恩于百姓。东汉光武帝时，他再次出任并州牧，巡察到西河郡美稷县，有儿童数百人骑着竹马在道边跪拜迎接，郭伋问他们："你们来这里干什么？"儿童说："听说您要来了，非常高兴，所以就来欢迎您。"

刘宽蒲鞭：《后汉书·卓鲁魏刘列传》记载：东汉大臣刘宽在做

地方官时，待人宽厚。属下犯了错误应该处以鞭刑的，就用蒲草编成鞭子抽打，以求在不伤人的基础上使其感到羞耻。

xǔ shǐ hóu shèng　　wéi píng xiàng yán

许 史 侯 盛 ， 韦 平 相 延 。

【典故】

许史侯盛：《汉书·王商史丹傅喜传》记载：汉宣帝时外戚许家和侯家权势显赫，两家出来做官的人遍布朝野，共有七人被封侯爵。许家是汉宣帝的皇后娘家，史家是汉宣帝的母亲娘家。

韦平相延：《汉书·平当传》记载：自西汉建国以来，只有韦贤、韦玄成父子与平当、平晏父子两代相继做丞相，被世人所景仰。

bó yōng zhòng yù　　huáng xún fēi qián

伯 雍 种 玉 ， 黄 寻 飞 钱 。

【典故】

伯雍种玉：《搜神记》记载：杨伯雍极为孝顺，父母去世以后埋在无终山，他就把家安置在山里。杨伯雍乐于助人，山高没有水源，他便到山下打水，免费给过路人喝。曾经有一个仙人喝过水之后，送给杨伯雍一斗石子，说："种下去可以得到美玉。"杨伯雍还没有成亲，因此那人又说："你以后会找到一个好媳妇的。"杨伯雍按照这个人的吩咐种下石子，地里果然长出美玉来。当时北城徐家有个女子，品行非常好，杨伯雍去求亲，徐家的人说："要白璧一双作为聘礼。"杨伯雍就到播种的地方拿出五双白璧送去。徐家无可挑剔，就把女儿嫁给了杨伯雍。后来用"种玉"比喻缔结良姻。

黄寻飞钱：《五行记》记载：北魏宣武帝在位时，海陵人黄寻家原本很穷，后来经常有大风雨，将很多钱币刮落到他家里，黄寻家里的钱越来越多。

wáng yǔn qiān lǐ   huáng xiàn wàn qǐng

王允千里，黄宪万顷。

【典故】

王允千里：《后汉书·陈王列传》记载：东汉大臣王允年轻时，曾与学者郭泰见面，郭泰对他的才华很赏识，说："王允就好比是一匹日行千里的骏马，是可以辅佐帝王的人才呀！"汉献帝即位后，王允官至司徒，他成功策划了对董卓的刺杀行动，后被董卓余党杀害。

黄宪万顷：《世说新语·德行》记载：东汉名士黄宪非常有声望。郭泰到汝南，与袁闳见一面就告辞了，到黄宪家，谈起话来好像几天几夜也说不完。有人问郭泰为什么会这样，郭泰说："黄宪的器量如同万顷碧波，一望无际，怎么澄清也不会清澈得没有渣滓，怎么搅动也不会浑浊，气度恢弘，实在是难以测量。"

yú fěi cái wàng   dài yuān fēng yǐng

虞骎才望，戴渊锋颖。

【典故】

虞骎才望：才望，公才公望，相当于三公的才识和名望。《晋书·虞谭传附虞骎传》记载：王导曾经对虞骎说："孔愉有做三公的才能，却没有相应的器量；丁潭有做三公的器量，却没有相应的才能。兼有这种才能和器量的，大概就是你了吧。"

戴渊锋颖：锋颖，指超凡出众的样子。《世说新语·自新》记载：晋人戴渊年轻的时候以抢劫他人财货为生。一次，陆机休完假带着很多物资回洛阳，在路上遭遇戴渊指挥的劫匪。陆机见戴渊虽然干的是龌龊的事情，但是气度不凡，神采出众，就质问他："你有这样的才干，却干劫匪的营生，这不是太可惜了吗？"并劝他改邪归正，戴渊感动不已，决心改过自新。此后在陆机的推荐下，戴渊一度官至征西将军。

shǐ yú chù bìn　　zǐ náng chéng yǐng
史鱼黜殡，子囊城郢。

【典故】

史鱼黜殡：黜殡，在内室殡殓，不居正堂。《韩诗外传》记载：春秋时卫国大夫史鱼去世前，命儿子把自己的棺木摆放在起居室里，而非按照礼仪放在正堂中。国君前来吊丧，问这是怎么回事，史鱼的儿子回答："父亲去世前说，他曾经多次推荐贤能的蘧（qú）伯玉，而蘧伯玉至今没有得到提拔；也曾多次指责弥子瑕的奸佞，而弥子瑕至今还在国君的身边。他不能尽到人臣的本分，觉得自己的遗体不配放在正堂中，棺木只能放在起居室里。"卫君听了后，就召来蘧伯玉并委以重任，驱逐了弥子瑕，下令把史鱼的棺木移到正堂，丧礼办完后才离去。

子囊城郢：城郢，建都城于郢。《左传·襄公十四年》记载：楚国的令尹子囊在外作战染上重病，回国后就去世了。临终前，他对继任的子庚说："一定要把新国都郢城建好。"当时人认为子囊到临终前还不忘国事，可以称为忠臣。

dài fēng jī xīn　　gěng gōng bài jǐng
戴封积薪，耿恭拜井。

【典故】

戴封积薪：《后汉书·独行列传》记载：东汉人戴封被任命为西

华令，那一年大旱，怎么向天祈祷也不下雨，戴封就下令堆起柴草，自己坐在上面，点火自焚。火刚起来，大雨就降下来，把火给扑灭了。远近州郡，没有不佩服他的。

耿恭拜井：《后汉书·耿弇列传附耿恭传》记载：东汉将领耿恭驻守疏勒，被匈奴围攻，截断了城里的水源。城里没有水，想打井，挖地十五丈也打不出水来，将士面临渴死的危险。耿恭整理衣冠，在井前拜祭，为将士祈祷，不久泉水奔涌。耿恭命将士把水泼到城外给匈奴人看，匈奴人大惊，以为有神灵帮助汉军，于是从疏勒撤兵。

jí àn kāi cāng　　féng xuān zhé quàn
汲黯开仓，冯谖折券。

【典故】

汲黯开仓：《史记·汲郑列传》记载：汉武帝时河内发生大火，烧毁了一千多户人家的房子，灾情严重，皇帝派汲黯前去调查。回来后，汲黯对皇帝报告说："河内只不过是一般人家失火，互相延烧而已，不值得忧虑。我看河南的穷人遭到水旱灾害的有一万多家，有的人家已经开始父子相食，这才是真正的灾荒啊！我看到这一景象，就假传圣旨打开粮仓救济灾民。我请求撤销我钦差大臣的权力，处罚我假传圣旨的罪过。"天子认为他做得好，就宽恕了他。

冯谖折券：折券，毁弃债券。《史记·孟尝君列传》记载：战国时，齐国贵族孟尝君让门客冯谖到封邑去收账，冯谖问："收完账后我应该带些什么回来？"孟尝君让他看家里缺少什么就带什么回来。于是冯谖到了封邑后，就将债户召集起来，把债券都烧了，百姓非常拥护。办完事回来以后，孟尝君得知此事，勃然大怒，责问冯谖，冯谖说："我看你家吃喝用度、声色犬马一概都有，只是缺'义'，这次我为你买了'义'回来，收取了民心。"后来孟尝君被罢官，回到封邑，受到老百姓的热情拥戴。孟尝君这才知道冯谖所谓"收义"是怎么回事。

jì jǐng sì qiān　　hé céng shí wàn
齐景驷千，何曾食万。

【典故】

山东长清西汉济北王陵的单辕驷驾马车图

齐景驷千：驷，古代将四匹马称为一"驷"。《论语·季氏》记载：齐景公在丞相晏婴的辅佐下，将齐国治理得兵强马壮，国力雄厚，拥有四千匹战马。但他死了以后，百姓都想不起他有什么德行值得称颂，没有任何一个值得老百姓怀念的地方。孔子用这个例子说明，一个人有钱并不等于有价值、有影响力。

何曾食万：《晋书·何曾传》记载：西晋丞相、太傅何曾生活奢侈，尤其讲究饭菜的滋味，用餐标准必定要求超过王侯的规格。每天饮食破费万贯家财，还说"没有下筷子的地方"。他的子孙更加奢侈，这是西晋奢侈风气的一个表现。

gù róng xī zhì　　tián wén bǐ fàn
顾荣锡炙，田文比饭。

【典故】

顾荣锡炙：锡，通"赐"。炙，指烤肉。《世说新语·德行》记载：西晋末年，顾荣在京师洛阳做官，与朋友一起宴饮。宴席上有一道菜是烤肉，顾荣看到端烤肉的人流露出想吃烤肉的神色，就割下一块烤肉给他吃。同坐的人因此笑话顾荣，顾荣解释道："哪有天天给人端烤肉自己却不知道肉味的道理呢？"后来遭乱渡江，每当情势危急的时候，常有一个人陪伴左右保护，事后顾荣问他为什么总这样做，原来他就是当年那个接受烤肉赏赐的人。

田文比饭：《史记·孟尝君列传》记载：田文（即孟尝君）喜欢招揽门客，能够礼贤下士，与宾客们平等相待。有一天，孟尝君招呼门客一起吃晚饭，一个门客怀疑自己吃的东西和孟尝君吃的不一样，有贵贱之别，丢下饭，起身就要从孟尝君这里辞行。孟尝君赶紧追上他，把自己的饭端到门客身边，与他的饭对比，毫无差别。有所怀疑的门客羞愧得自杀了。

zhì guī wā míng　　yàn lún hè yuàn
稚珪蛙鸣，彦伦鹤怨。

【典故】

稚珪蛙鸣：《南齐书·孔稚珪传》记载：孔稚珪的家门口和庭院里长满了草，他也不去铲除，以至于青蛙在里面安了家，不时还会传出阵阵蛙鸣。有人问他："你不铲除草地，是效仿陈蕃吗（东汉大臣陈蕃年轻时不注意保持房间的整洁，对人说'大丈夫应该扫除天下，何必在乎一间屋子'）?"孔稚珪说："我把青蛙的叫声当成乐队的演奏，哪里是效仿陈蕃呢？"

彦伦鹤怨：南朝名士周颙（yǒng，字彦伦）最初隐居在钟山，后来又想出来做官。孔稚珪路过他曾经隐居的地方，写了一篇《北山移文》，嘲笑周颙不能坚持最初的隐居理想，伪装隐居，内心却渴求功名利禄。文中有"蕙帐空兮夜鹤怨，山人去兮晓猿惊"的句子。

lián pō fù jīng   xū jiǎ zhuó fà

廉颇负荆， 须贾擢发。

【典故】

廉颇负荆：《史记·廉颇蔺相如列传》记载：战国时期，廉颇、蔺相如同在赵国做官，蔺相如因为完璧归赵和渑池之会被赵王拜为右卿，官居廉颇之上。廉颇以军功自傲，认为蔺相如只会耍耍嘴皮子而已，处处想刁难他。蔺相如为了维护赵国利益，顾全大局，处处退让。廉颇得知真相后，非常惭愧，背着荆条向蔺相如赔礼道歉，请求责罚。两人由此成为生死之交。

须贾擢发：《史记·范雎蔡泽列传》记载：范雎在魏国做门客，因主人须贾的无端怀疑，几乎被相国魏齐打死。范雎逃脱后改名张禄，入秦为相。后来须贾出使秦国，范雎穿着破衣服去见他，须贾哀怜他，送给他一件丝绸袍子，范雎就带须贾进入相府，须贾发现范雎竟是秦相，连忙谢罪，范雎问他："你有多少条罪过？"须贾害怕地说："把我的头发拔下来，用来计算，也算不过来。"范雎念他送给自己衣服的情谊，就放过了须贾。

kǒng yì jué shū   shēn jiā sī yè

孔翊绝书， 申嘉私谒。

【典故】

孔翊绝书：《艺文类聚》引《鲁国先贤传》记载：晋朝人孔翊被任命为洛阳令后，在办公驻地的庭院里摆放了一个盛满水的盆。有人写信给孔翊，他收到后就把书信扔进水盆，拒绝拆看，以示大公无私。

申嘉私谒：私谒，私人拜访。《史记·张丞相列传》记载：汉文帝的丞相申屠嘉性情刚直，有人想私下拜见他，申屠嘉总是拒绝。

yuān míng bǎ jú   zhēn cháng wàng yuè
渊明把菊，真长望月。

【典故】

渊明把菊：《续晋阳秋》记载：陶潜（字渊明）辞职之后，在家乡过着隐居生活。有一年重阳节，陶潜坐在家附近的菊花丛旁边，摘了一把菊花，自己欣赏。这时江州刺史王弘差人送来美酒，于是就当场痛饮，喝醉了才回家。

真长望月：《世说新语·言语》记载：东晋的刘真长和许玄度是非常要好的朋友，许玄度进京的时候曾经住在他家里。后来许玄度去世，刘真长到他住过的地方望月思人，并说："清风朗月，辄思玄度。"意为遇到清风朗月的时节，总会让人想念许玄度。许玄度即许询，是当时著名的隐士。

zǐ fáng qǔ lǚ   shì zhī jié wà
子房取履，释之结袜。

【典故】

子房取履：张良字子房，是西汉的开国功臣，刘邦的重要谋臣。《史记·留侯世家》记载：张良年轻的时候，在下邳桥上闲逛，偶遇一个老头。老头故意把鞋子丢到桥下，要张良帮他捡回来穿上。张良看他年老力衰，只好忍住不快取鞋跪着给他穿上。老人觉得他"孺子可教矣"，并约定时间再见，最后传授给他《太公兵法》。后来才知道，这个人就是当时有名的谋略家黄石公。

释之结袜：《汉书·张释之传》记载：张释之做廷尉时，有一位隐士王生与他关系很好。有一次在公众场合，王生的袜带松了，就叫张释之给自己系上，张释之按照要求办了。有人问王生："为何这样羞辱张廷尉呢？"王生说："我老了，又没有地位，已经不能为廷尉做什么。姑且委屈他为我结袜，让他博一个礼贤下士的美名，为他赢取社会威望吧。"

guō dān yuē guān　　　zǔ tì shì jiāng
郭丹约关，祖逖誓江。

【典故】

郭丹约关：《后汉书·宣张二王杜郭吴承郑赵列传》记载：西汉末年，郭丹从家乡到京师长安学习，买通关文书进函谷关时，站在关口发誓说："我郭丹不乘上使者的车子，绝不再出函谷关。"到长安以后，郭丹受到了儒者的敬重，经常被推为讲师。王莽政权颠覆后，郭丹被更始帝刘玄任命为谏议大夫，拿着钦差大臣的符节，坐着高车大马出函谷关，奉命到南阳一带安抚新归降的地方势力，果然实现了当初的誓言。

祖逖誓江：《世说新语·赏誉》注引《晋阳秋》记载：西晋末年局势混乱，淮河以北的国土大部被少数民族政权所控制。大将祖逖向镇东将军司马睿（后来的晋元帝）陈述自己对收复国土的想法，司马睿就任命他为豫州刺史，让他自己招募兵马北伐。祖逖率领部下北渡长江，船到江心发誓道："祖逖如果不能平定中原而又渡江回来，就让我像这大江一样一去不复返！"

jiǎ kuí wèn shì　　　xǔ shèn wú shuāng
贾逵问事，许慎无双。

【典故】

贾逵问事：《东观汉记·贾逵传》记载：贾逵是东汉著名的经学家，自幼饱读诗书，因常年生活在太学里，对社会上的很多事情都不了解，所以遇到什么不明白的都喜欢打听，又因为他个子高大，所以在当时被人取了个外号叫"问事不休贾长头"。

　　许慎无双：许慎是东汉的经学家，字叔重，他写就的《说文解字》是中国文字学的扛（gāng）鼎之作。《后汉书·儒林传》记载：许慎博览经籍，大学者马融对他非常敬重。当时人称赞他说："五经无双许叔重。"意思是在讲说五经方面，没有人能和许慎相比。

lóu jìng hé qīn　　bái qǐ kēng xiáng
娄 敬 和 亲 ， 白 起 坑 降 。

【典故】

　　娄敬和亲：《史记·刘敬叔孙通列传》记载：汉高祖苦于匈奴的侵扰，娄敬为他出谋划策，说："如果您能把嫡长公主嫁给匈奴的单于（chán yú，首领），公主一定会被立为阏氏（yān zhī，匈奴单于的正妻），生下的儿子就是太子。等到太子当了单于，您是他的外公，哪有外孙敢和外公平等往来的道理呢？"于是汉高祖就想把长（zhǎng）公主嫁到匈奴去，但皇后不答应，最终选了一个后宫微贱女子生的女儿封为公主，命娄敬做使者，与匈奴和亲。

　　白起坑降：《史记·白起王翦列传》记载：战国时期，秦赵两国在长平交战，秦国取得胜利，赵军遭受毁灭性打击，四十万士卒降秦。秦军主将白起担心降卒不好控制，下令将赵军全部坑杀活埋。白起是战国时期以善于用兵著称的名将，但是坑杀赵军的暴行使其在历史上留下暴虐的名声。

xiāo shǐ fèng tái　　sòng zōng jī chuāng
萧 史 凤 台 ， 宋 宗 鸡 窗 。

【典故】

　　萧史凤台：《列仙传》记载：秦穆公时期的萧史擅长吹箫，他的箫声一起，便能招来各种孔雀、白鹤。秦穆公便将自己的女儿弄玉嫁给他，萧史教弄玉吹箫，模仿凤凰的叫声，吸引了好多凤凰聚集到他们家屋顶。秦穆公感到很惊讶，就替他们修筑凤凰台居住。几年过后，弄玉跨凤、萧史乘龙，一起升天而去。

宋宗鸡窗：宋宗，即宋处宗。晋朝人，官至兖州刺史。《幽明录》记载：晋人宋处宗曾经买得一只鸡，非常喜爱，每天都精心喂养，把它装在笼子里放在窗前。一天，鸡突然说起话来，可以与宋处宗对谈，而且善于巧辩，宋处宗因为与此鸡经常交流，大大增进了语言技巧。

wáng yáng náng yī 　　mǎ yuán yì yǐ

王 阳 囊 衣，马 援 薏 苡。

【典故】

王阳囊衣：《汉书·王吉传》记载：王吉，西汉人，字子阳。为官非常清廉，所得的俸禄不蓄积起来，也不用于置办产业，唯独喜欢把车马装饰得明亮鲜艳，调任时带走的行李也不过是装着衣服的包裹。而且王吉从不蓄积财产，罢官回家居住后就穿布衣、吃粗食。天下人都佩服他的廉洁，但又奇怪他为什么把车马装饰得那么奢侈。

马援薏苡：《后汉书·马援列传》记载：东汉将领马援在交趾（今越南北部）征战时，经常服用薏苡的种子，当时认为服用薏苡能使身体轻便，免受瘴气的侵害。南方生长的薏苡种子比一般的大，马援想要拿来种植，所以装载了一车带回京师。马援去世后，有人上书诬陷他，说他从南方带回了一车珍珠和犀牛角。

liú zhěng jiāo zhì　　　wǔ lún shí qǐ

刘 整 交 质 ， 五 伦 十 起 。

【典故】

刘整交质：《文选·任昉（fǎng）奏弹刘整》记载：梁朝人刘整的哥哥刘寅去世后，侄子在他家住了十二天，刘整就向嫂子范氏索要粮米作为饭钱。范氏出外筹集粮米还没回来，他就把哥哥家车子上的帷幕取走作为抵押。一个人毫不顾念手足之情，竟然会到这个地步。

五伦十起：五伦，指东汉大臣第五伦，复姓第五，名伦。《后汉书·第五钟离宋寒列传》记载：有人问东汉大臣第五伦有没有私心，第五伦回答道："以前有人送给我一匹千里马，我虽然没有接受，但当上三公后，每当有所选举，心里总是想到他，但却不曾任用。我的侄子生病，我一夜去看望他十次，回来照样睡得很安稳；我的儿子病了，虽然不去看他，但一夜都睡不着觉。像这个样子，怎么能说没有私心呢？"

zhāng chǎng huà méi　　　xiè kūn zhé chǐ

张 敞 画 眉 ， 谢 鲲 折 齿 。

【典故】

张敞画眉：《汉书·张敞传》记载：西汉大臣张敞做京兆尹时替妻子画眉，被人指责缺乏大臣威仪，皇帝责问他，张敞说："我听说闺房之内，夫妻间的私事，很多都超过了画眉。"皇帝觉得他说得有道理，就没有责怪他。

谢鲲折齿：《晋书·谢鲲传》记载：晋人谢鲲（字幼舆）性格放荡，不检点。邻居高家有个女儿，长得很漂亮，谢鲲跑到人家里去调戏她。高家的女儿扔过来一把梭子，打掉了谢鲲的两颗牙。当时人为此编出顺口溜来，说："任达不已，幼舆折齿。"谢鲲听说后，傲然长啸，说："不影响我长啸高歌。"

shèng yàn gǎn cáo　jiāng shī yuè lǐ
盛彦感蟮，姜诗跃鲤。

【典故】

盛彦感蟮：《晋书·孝友传》记载：晋代盛彦的母亲因病失明，盛彦为此不肯做官，亲自侍奉母亲。盛彦的母亲得病久了，脾气不好，经常打骂婢女，婢女为此怀恨在心，趁着盛彦出门，烤了蛴蟮（蛴蟮即金龟子幼虫）给盛母吃。盛母吃了以后，觉得很美味，但又怀疑不是好的东西，于是偷偷藏起一些给盛彦看。盛彦看到以后，抱着母亲痛哭，哭得昏过去又醒过来，盛母的眼睛竟然就此复明了。

姜诗跃鲤：《后汉书·列女传》记载：汉代人姜诗对母亲非常孝顺，他的妻子庞氏孝顺的程度比他有过之无不及。姜诗的母亲喜欢吃生鱼片，但又不肯独自吃。于是姜诗夫妇经常奋力劳作挣钱买鱼，叫来邻家的老妇，陪母亲一起吃。一天，姜家的房屋边上忽然有泉水涌出，味道和江水一样，而且每天早上跳出两条鲤鱼，正好可以每天做给两个老人吃。

zōng zī zhǔ nuò　chéng jìn zuò xiào
宗资主诺，成瑨坐啸。

【典故】

宗资主诺：主诺，古代地方长官对下属意见签字表示同意，称为"主诺"。《后汉书·党锢列传》记载：汝南太守宗资聘请范滂（字孟博）担任自己的助手，范滂很有理政才能，办事干练。宗资几乎将什么事情都委托给他办理，自己只是最后在文件上签字，范滂似乎成了汝南太守。于是当时民间传言："汝南太守范孟博，南阳宗资主画诺。"

成瑨坐啸：成瑨是东汉弘农人，汉桓帝时任南阳太守。《后汉书·党锢列传》记载：南阳太守成瑨聘请岑晊（zhì，字公孝）做太守助理，岑晊才高有大志，办事果敢，不避权贵。当时南阳郡流行这样的打油诗："南阳太守岑公孝，弘农成瑨但坐啸。"意为成瑨把大小事情都交付给岑公孝办理，搞得岑公孝似乎成了南阳太守，而成瑨整天无所事事只知道闲坐吟啸。

bó chéng cí gēng　　yán líng qù diào
伯 成 辞 耕 ， 严 陵 去 钓 。

【典故】

伯成辞耕：《庄子·天地》记载：尧做天子时，伯成子高作为诸侯协助他治理天下。尧把天子之位禅让给舜，舜又禅让给禹。这时伯成子高觉得世道将要没落，于是辞去了诸侯之位，隐居耕种。

严陵去钓：《后汉书·逸民传》记载：刘秀称帝后，派人寻找老朋友严光（字子陵），最后在大泽中找到他。严光穿着皮袄在泽中钓鱼，不愿出山。使者来了三次，严光推脱不过，只好随使者进京。到京都后，严光向光武帝表明自己的心志，毅然决然到富春山去种地了。

dǒng yù sān yú　　qiáo zhōu dú xiào
董 遇 三 余 ， 谯 周 独 笑 。

【典故】

董遇三余：《三国志·魏书·王朗传》注引《魏略》记载：曹

魏官员董遇很有学识，有人向他请教读书的方法，董遇说："先读一百遍吧。"又说："诵读次数多了，自然会了解文义。"求学的人说没有时间，董遇说："应该利用'三余'的时间。"有人问什么是"三余"，董遇说："冬天是一年之中的农闲时间，夜晚是一天中可以闲下来的时候，阴雨天是任何时节都可以休闲的时间（此句的原话为："冬者岁之余，夜者日之余，阴雨者时之余也"）。"

谯周独笑：谯周是蜀汉有名的大儒，精通历史。《三国志·蜀书·谯周传》记载：谯周喜好古书，勤于学习，虽然家境贫困，却从不曾顾虑产业。每当诵读典籍入神时，常常高兴得一个人笑起来，以至到了废寝忘食的地步。经过一番刻苦努力，他精通六经，擅长写书信，而且还懂得一些天文知识。

jiāng　lǘ　yǎng tiān　　　wáng líng hū miào
将 闾 仰 天， 王 凌 呼 庙。

【典故】

将闾仰天：《史记·秦始皇本纪》记载：秦始皇去世，秦二世阴谋获得皇位后，开始屠杀自己的同胞兄弟，公子将闾兄弟三人被囚在内宫，秦二世让使者向将闾传达命令说："公子有'不臣'之罪，应当处死。"将闾回答道："我从无失礼之处，所谓'不臣'指的是什么？我希望能听到获罪的原因再死。"使者说："我只是奉了诏书来行事而已。"将闾于是仰面对天大喊三声："天啊！我没有罪！"兄弟三人都哭着拔剑自杀了。

王凌呼庙：《三国志·魏书·王凌传》记载：曹魏皇帝曹芳懦弱无能，大臣王凌想废掉他另立楚王曹彪。事情败露，司马懿亲率大军，押解王凌回京。路上经过名臣贾逵（字梁道）的祠庙，王凌大喊道："贾梁道，王凌固忠于魏之社稷者，唯尔有神知之。"意思是说自己废帝的初衷全是为了曹魏的江山社稷考虑的，想给魏国册立一个好皇帝，但却不符合司马懿等人想要曹魏政权早点灭亡的打算。抵达项县后，王凌服毒自杀。

èr shū sàn jīn　　lù jiǎ fēn tuó
二疏散金，陆贾分橐。

【典故】

二疏散金：《汉书·疏广传》记载：疏广和侄子疏受同时做太子的老师，又一起请求离职退休，皇帝和太子赠给他们一百五十斤黄金作为离别的礼物。回到故乡后，疏广和疏受把黄金拿出来与同乡宴饮玩乐，有同乡的老人劝他们拿这些黄金购买田宅，疏广说："家里有旧田宅，我们的子孙只要勤于耕作，就能过上和一般人同等的日子。再买田地房屋，只能让他们变得怠惰。而且这些金子本来就是皇帝赐给我们养老的，我们拿出来和乡里共享，不也很好吗？"

陆贾分橐：橐，指口袋。《史记·郦生陆贾列传》记载：陆贾晚年把自己出使南越获得的财宝拿出去卖掉，得了一千两金子，分给五个儿子，每人两百两，让他们去经营产业，自己则佩戴宝剑，乘着四匹马拉的车子，带着鼓瑟唱歌的十个侍者，到处游山玩水。陆贾对几个儿子说："我到你们家，你们要负责好好供养我和我的随从，我死在谁家，宝剑、车马、侍者就归谁。"

cí míng bā lóng　　mí héng yī è
慈明八龙，祢衡一鹗。

【典故】

慈明八龙：东汉荀爽，字慈明，官至司空，共有八兄弟，父亲荀淑。《高士传》记载：东汉荀淑的八个儿子都很有才华。荀淑住在西豪里，县令苑康说："舜的时候高阳氏也有八个有才的儿子。"于是把西豪里改名为高阳里，称荀淑的八个儿子为"八龙"。

祢衡一鹗：鹗，通称鱼鹰，爪锐利，性凶猛，捕食鱼类。《后汉书·祢衡传》记载：孔融上书朝廷推荐祢衡，说："几百只鸷也比不上一只鹗，就像寻常的人才再多也比不上祢衡。让祢衡做官，立于朝堂之上，必然会表现出色。"

bù zhàn yǔn chē　　zǐ yún tóu gé
不 占 陨 车 ， 子 云 投 阁 。

【典故】

不占陨车：《新序·义勇》记载：春秋时，齐国大臣崔杼杀害了国君齐庄公。有个叫陈不占的人听说国君有难，想要赶去解救。到了将要离家的时候，陈不占吃饭手抖得掉了勺子，上车抓不稳扶手的横木摔了下来。为他驾车的人说："害怕到这个地步，赶去又有什么用处呢？"陈不占说："为君主而死是大义，没有勇气是私事，不能以私害公。"到了现场，陈不占听到战斗的声音，竟被活活吓死了，有人说："陈不占不勇敢，但能履行道义，可以称得上是志士。"

子云投阁：扬雄，字子云，王莽篡汉时官至大夫，在天禄阁校书。《汉书·扬雄传》记载：王莽篡汉后，扬雄的门人因献祥瑞得罪了王莽，案件牵连了很多人。审理案件的人到天禄阁想要拘捕扬雄，扬雄怕自己难以全身而退，就从楼上跳了下来，差点摔死。王莽知情后赦免了扬雄。

wèi shū táng táng zhōu shè è è
魏舒堂堂, 周舍谔谔。

【典故】

魏舒堂堂:堂堂,形容体貌壮伟。《晋书·魏舒传》记载:曹魏末年,魏舒被任命为相国司马昭的参军。司马昭对魏舒非常器重,每当朝会结束,魏舒离开时,司马昭常常目送着他,说:"魏舒相貌堂堂,是人群中的领袖。"

周舍谔谔:谔谔,指直言劝谏的样子。《史记·赵世家》记载:晋国大夫赵简子有个臣子叫周舍,好直谏。周舍去世后,简子上朝时经常表现出不悦的神色,大夫们为此向简子请罪,简子说:"各位大夫没有罪。只是我听说一千张羊皮不如一块不完整的狐狸皮值钱,与各位大夫商议政事时,我听到的都是'是,是'的赞同声,再也听不到周舍那样直言反对的话语,所以非常担忧。"

wú yán rú qī gū yè ruò bīng
无盐如漆, 姑射若冰。

【典故】

无盐如漆:《古列女传》:无盐,复姓钟离,名春,春秋时齐国无盐人,也称钟无盐。她相貌极丑,皮肤像漆一样黑,到了四十岁还没嫁出去,于是穿了一身粗布短衣去朝见齐宣王,请求成为宣王的妻子。宣王正在高台上饮宴,接见钟离春后,宣王认为她非常贤能,就迎娶并封钟离春为王后。在钟离春的辅佐下,齐宣王罢女乐,退谄谀,进直言,立太子,齐国因此得以昌盛。

姑射若冰:姑射,是"藐姑射"的简称,藐姑射是传说中的神山。《庄子·逍遥游》记载:有一座神山名叫藐姑射,山上有神人居住。神人的肌肤像冰雪一样洁白，容貌像少女一样美丽，不食五谷，吸风饮露，乘着云气，驾驭飞龙，在四海之外游玩。

zhū zǐ tóu huǒ　　wáng sī nù yíng
邾子投火，王思怒蝇。

【典故】

邾子投火：邾子，即邾国国君，邾国为子爵。《左传·定公三年》记载：邾国的国君性急而有洁癖，有一次他在殿门口看见门人用水洒扫大殿的地面。邾子看到后非常生气，叫来门人询问。门人和夷射姑结有仇怨，于是嫁祸说："是为了冲刷夷射姑小便的痕迹。"邾子更是暴跳如雷，命人把夷射姑捉来，然而没有捉到。邾子更加生气，从坐床上扑到地上，没想到正好掉在了火盆里，皮肉大面积烧伤溃烂，最后竟然死掉了。

王思怒蝇：《三国志·魏书·梁习传》注引《魏略·苛吏传》记载：曹魏的官吏王思性急，有一回执笔写字，有几只苍蝇总是绕着笔尖打转，赶走不久又飞回来，这样反复了好几次。王思大怒，跳起来追打苍蝇，没有成功，于是回身取过笔扔在地上，把笔踩坏了。

fú lǎng zào bái　　yì yá zī miǎn
苻朗皂白，易牙淄渑。

【典故】

苻朗皂白：皂白，黑与白。《艺文类聚》引《秦记》记载：苻朗吃烤鹅，知道哪块肉上面原本长的是黑毛，哪块上面长的是白毛，有人不信，特意试验了一下，果然如此。

易牙淄渑：易牙，是春秋时人，齐桓公的臣子，擅长厨艺，被古人视为"知味"的代表。淄渑即淄水和渑水，古代的两条河流。

《吕氏春秋·审应览》记载：楚国的贵族白公问孔子："可以用隐语和人讲话吗?"孔子不回答。白公说："把石头扔进水里，会怎么样?"孔子曰："会潜水的人能把它捞上来。"白公曰："如果把水倒进水里，会怎么样?"孔子曰："淄水、渑水混在一起，易牙尝到就能分出来。"白公曰："那么不能用隐语和人讲话了?"孔子曰："怎么不可以? 但只能和知道你在说什么的人用隐语交谈。"

zhōu bó zhī bó　　guàn yīng fàn zēng

周 勃 织 薄 ， 灌 婴 贩 缯 。

【典故】

周勃织薄：薄，旧时的一种席子。《史记·樊郦绛灌列传》记载：周勃早年家境贫寒，靠给人织席子为生，有人办丧事，他就去吹箫充当乐手。他还擅长武艺，力气很大能拉开强弓。刘邦起兵后，周勃以侍从的身份追随刘邦，参与了诸多战事，最终被封为绛侯。

灌婴贩缯：缯，是丝织品的一种。《史记·樊郦绛灌列传》记载：灌婴最初是睢阳贩卖丝绸的小商人，后来以侍从的身份追随刘邦南征北战。垓下之战中，灌婴以御史大夫、将军的身份，率骑兵追击项羽，迫使项羽自杀，论功行赏被封为颍阴侯。

mǎ liáng bái méi　　ruǎn jí qīng yǎn

马 良 白 眉 ， 阮 籍 青 眼 。

【典故】

马良白眉：《三国志·蜀书·马良传》记载：马良兄弟五个都很有才华，尤其以马良的才华最为突出，兄弟五人取的字里都有"常"字，故被称为"马氏五常"。马良年轻时眉毛里就掺杂着白色的毫毛，所以同乡的人都说："马家五兄弟里，白眉的那个最出色。"

阮籍青眼：阮籍是魏晋"竹林七贤"之一，不拘礼法，为人放荡不羁。青眼，指黑色的眼珠在眼眶中间，是对人喜爱或重视的一种表情。《晋书·阮籍传》记载：阮籍能在不同的情况下分别用黑眼珠（青眼）和白眼仁看人。嵇喜是遵守礼法的世俗人，去见阮籍时就遭受了白眼的待遇。嵇喜的弟弟嵇康性格超脱，阮籍看他就是用黑眼珠。后世用"青眼看人"表示对人的喜爱或尊重之情。

qíng bù kāi guān　　zhāng liáng shāo zhàn
黥布开关，张良烧栈。

【典故】

黥布开关：黥，指墨刑，旧时在脸上刺字的刑罚。《史记·彭越英布列传》记载：楚人英布年轻时，有人为他相面，说他要在受刑后才能封王。成年后，英布犯法受了黥刑，被罚在骊山服苦役，于是纠集了刑徒中的英雄豪杰逃亡到长江沿岸，做了盗贼。项梁起兵后，英布前去归附。项羽领兵西进，抵达函谷关下，久攻不下，英布从小道击败守军打开了函谷关，为起义军进兵咸阳立下赫赫战功。项羽分封诸将时，立黥布为九江王。

张良烧栈：栈，指栈道，是一种在山崖上打桩铺木建成的道路。《史记·留侯世家》记载：秦朝灭亡后，项羽封刘邦为汉

四川广元境内的明月峡古栈道

王，将他封到偏远的巴蜀、汉中地区。刘邦到达封地后，张良要回到韩地去，刘邦为他送行，一直送到褒中。张良于是劝说刘邦烧毁栈道，以此防备诸侯侵入汉地，同时也向项羽表示自己没有东进的心思。刘邦听从了张良的计谋，放火烧毁栈道。项羽果然被刘邦的表象迷惑，放松了对汉军的警惕。

chén yí fàn gǎn　　táo kǎn jiǔ xiàn
陈 遗 饭 感 ， 陶 侃 酒 限 。

【典故】

陈遗饭感：《世说新语·德行》记载：吴郡人陈遗的母亲喜欢吃锅底的焦饭，陈遗就注意替她收集，做郡主簿以后，每次都把煮饭留下的焦饭装在袋子里带回家给母亲。有一次陈遗已经收集了几斗焦饭，还没来得及送回家，就随军出征了。那一次打了败仗，吴郡的军队溃散，士兵跑到深山或沼泽里，很多人虽然没有被杀却被活活饿死，陈遗则靠着焦饭活了下来，当时的人都认为这是上天对他孝心的回报。

陶侃酒限：限，定量。《晋书·陶侃传》记载：陶侃做了高官后，在筵席上喝酒每次都自觉限量，不敢贪杯。有一回，他的属下殷浩等人见陶侃很有兴致，就劝他再喝几杯，陶侃说："年轻时曾因为醉酒惹事造成过失，我去世的母亲为我定下喝酒的限度，我从来不敢忘记母亲的训诫啊！"

chǔ zhāo píng shí　　shù xī zhú jiǎn
楚 昭 萍 实 ， 束 皙 竹 简 。

【典故】

楚昭萍实：《艺文类聚·草部》注引《孔子家语》记载：楚昭

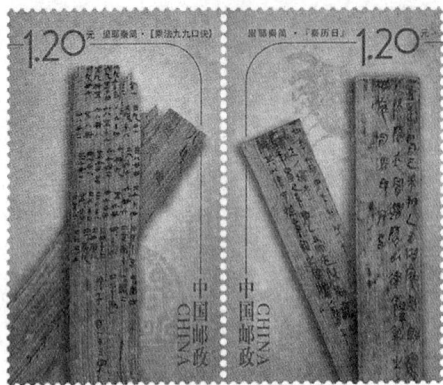

2012 年中国邮政发行的《里耶秦简》特种邮票

王渡长江，在江中捞起一个红色的果子，大如斗，圆形。昭王问群臣这是什么，没有人知道。派人问孔子，孔子说："这是萍实，可以剖开吃掉，是吉祥的象征。只有霸者可以得到它。"于是昭王就把这个果子剖开吃了，非常美味。

束皙竹简：《晋书·束皙传》记载：西晋学者束皙熟识古文字。有人在嵩山下发现一枚竹简，上面写着两行蝌蚪文（古代一种头粗尾细的篆书），司空张华拿来问束皙，束皙看后说："这是汉明帝陵墓中的文书。"后来经过检校档案，发现果然是这样的。当时的人对他渊博的知识没有不佩服的。

màn qiàn sān dōng　　chén sī qī bù

曼倩三冬，陈思七步。

【典故】

曼倩三冬：三冬，指三年。《汉书·东方朔传》记载：东方朔（字曼倩）向汉武帝上书说："我十三岁学书，经历三年，所学的文史知识足够用来应试了；十五岁学击剑；十六岁学《诗经》和《尚书》，共读二十二万字；十九岁学习军事，所读也达到二十二万字。我具有美好的才德，可以做天子的大臣。"汉武帝对他说出这样的话感到惊异，就召见他，让他做郎官，但一直没有重用他。

陈思七步：陈思即曹操之子曹植，封陈王，谥思，故在文学作品中有"陈王""陈思王""陈思"等别称。《世说新语·文学》记载：魏文帝曹丕嫉妒弟弟曹植的才华。有一回，命令弟弟曹植在七步之内作出诗来，如若不然，就要处死他。曹植应声就说："煮豆持作羹，漉（lù）菽以为汁。萁在釜下然，豆在釜中泣；本是同根生，相煎何太急？"文帝听了之后，脸上露出羞惭的神色。

明代吴伟绘《东方朔偷桃图》
东方朔擅长辞赋，性格诙谐，后人常用其逸事为画题进行创作。后世帝王寿辰，常用东方朔偷桃图庆典。

liú chǒng yī qián　　lián fàn wǔ kù
刘 宠 一 钱 ， 廉 范 五 袴 。

【典故】

刘宠一钱：《后汉书·循吏列传》记载：东汉官员刘宠做会稽太守，政绩出色。当他离任时，有几位老人来送行，每人奉上一百钱，坚决要他收下，并说："您到任以来，治安非常好，小吏也不敢侵犯百姓，听说您要走了，我们就来送行。"刘宠说："我哪有您说的这么好啊？辛苦父老了。"刘宠不好推辞，于是从每位老人手中选出一枚大钱收下，表示接受百姓的好意。因此，后人称他为"一钱太守"。

廉范五袴："袴"通"裤"。《后汉书·郭杜孔张廉王苏羊贾陆列传》记载：东汉时，廉范被任命为蜀郡太守。蜀郡人口稠密，街道狭窄，房屋相连，非常容易引起火灾。之前的太守下令禁止百姓夜里劳作，目的就是为了杜绝夜间灯火引起火灾。然而，百姓并不认同这一法令，总是偷偷点灯劳作，又怕触犯法令，尽量隐蔽，引起的火灾反而更多了。廉范到任后，下令允许百姓夜间劳作，但要求严格做好储水的工作以做应急之需。百姓对此感到高兴，编出歌谣唱道："廉叔度（廉范字叔度），来何暮？不禁火，民安作，平生无襦（rú，短袄）今五袴。"

fán yù zì gū　　xī jiàn tǔ bǔ
氾毓字孤，郗鉴吐哺。

【典故】

氾毓字孤：字，指抚养。《晋书·文苑传》记载：晋代的氾毓，安贫乐道，被朝中大臣多次举荐为官，都不肯就职，热心于收养孤儿，被当时的人传为佳话，有人形容他家抚养的孩子："儿无常父，衣无常主。"

郗鉴吐哺：《晋书·郗鉴传》记载：东晋大臣郗鉴年轻时，天下大乱，郗鉴除了要保全自己，还要抚养侄子郗迈和外甥周翼，生活非常艰难。邻里敬重郗鉴的品德，就轮流请他去家里吃饭。郗鉴开始时带着侄子和外甥一起去，后来乡邻们说："大家的日子都不好过，因为敬重您的贤德，所以请您一起吃饭，再带上两个孩子的话，我们恐怕供养不起。"郗鉴就改成自己去，吃完饭之后，他又含上一团饭，把饭存在两颊，回家后吐出来给侄子和外甥吃。两个孩子就是靠着郗鉴的喂养才得以生存下来。

gǒu dì zhuǎn kù　　yán mǔ sǎo mù
苟弟转酷，严母扫墓。

【典故】

苟弟转酷：《晋书·苟晞传》记载：西晋时的兖州、青州两州刺史苟晞为政暴虐残酷，天天都要杀人，导致血流成河。后来苟晞领兵出征，让弟弟苟纯替自己镇守青州，苟纯杀人比苟晞还厉害，青州的百姓都说："小苟（苟纯）比大苟（苟晞）还残酷。"

严母扫墓：《汉书·酷吏传》记载：汉宣帝时，严延年被任命为河南太守。这个人很有才能，但过于严酷，在洛阳大肆诛杀豪强，其中冤杀了不少好人，因此得了一个"屠伯"的绰号。严延年的母亲从老家来看他，得知他这样杀人，非常生气，对严延年说："上天是什么都知道的，你怎么能乱杀人呢？我真没想到，我这白发人居然要送黑发人！我这就回去了，回家以后把地打扫干净，准备好墓地等着你。"过了一年多，严延年果然因为诽谤朝廷被处死。

hóng qiáo zhì shuǐ　　chén tài guà bì
洪乔掷水，陈泰挂壁。

【典故】

洪乔掷水：《世说新语·任诞》记载：东晋人殷羡（字洪乔）被任命为豫章太守，准备赴任时，很多在京城的豫章人都托他带信回家。走到京城郊外的石头城，殷羡把一百来封信都扔到水里，说："该沉的沉，该浮的浮，殷羡不能当替人带信的邮差。"

陈泰挂壁：《三国志·魏志·陈群传附陈泰传》记载：曹魏官员陈泰做并州刺史时，很多京城的高官命人带钱财给他，想托他在当地购买奴婢，陈泰一封信也不打开，将所有寄来的信和财物都挂在墙上。后来陈泰被任命为尚书，回到京城，就把挂在墙壁上的财物又都还给了原来的主人。

wáng shù fèn juàn　　xún càn huò nì
王 述 忿 狷 ，荀 粲 惑 溺 。

【典故】

王述忿狷：忿狷，怨怒。狷，急躁。《世说新语·忿狷》记载：东晋人王述性格急躁，曾经有一次吃鸡蛋时，想用筷子将鸡蛋夹住，没有成功，于是大怒，将鸡蛋扔到地上。鸡蛋落到地面后，在地上滚来滚去，王述更加生气，就穿着木屐去踩鸡蛋，想用屐上的木齿将鸡蛋踏住，又没有成功。王述的愤恨无以复加，干脆将鸡蛋重新捡起来，咬破了以后又把它吐出来。

荀粲惑溺：惑溺，沉迷，沉溺。《三国志·魏书·荀彧（yù）传》注引《晋阳秋》记载：曹魏人荀粲认为妇女的才智无足称道，应该以美貌作为评价女性的标准。骠骑将军曹洪的女儿容貌美丽，荀粲就把她娶了过来，对她非常宠爱。过了几年，荀粲的妻子暴病去世了，傅嘏去慰问荀粲，见荀粲虽然不为妻子哭泣，却因悲伤损害了精神。一年后也跟着去世，年仅二十九岁。

sòng nǚ yù jǐn　　jìng jiāng yóu jì
宋 女 愈 谨 ，敬 姜 犹 绩 。

【典故】

宋女愈谨：《列女传》记载：春秋时，宋国人鲍苏到卫国做官，将妻子留在故乡侍奉母亲。鲍苏在卫国做官三年，在当地娶了一个小妾，他留在宋国的妻子得知后，仍然不断派人给丈夫问安，并送给小妾一些生活必需品。妻子的娘家人为此感到不平，劝她改嫁，妻子不肯听从，反而对婆婆更加恭谨。宋国的国君得知后，命官员在鲍苏家所在的里巷门表彰鲍苏的妻子，并赐给她一个称号"女宗"，意为女性的典范。

敬姜犹绩：绩，指把麻等植物的纤维搓成线或绳。《国语·鲁语》记载：鲁国大夫公父文伯退朝回家，看到母亲敬姜在搓麻线，对她说："以咱们家的状况（大夫家族），您还要自己搓麻线，我怕族长季孙氏发怒，认为我不能好好侍奉您啊。"敬姜说："我是个寡妇，你又做着下级官职，即使天天努力工作，还要担心会忘却先祖的事业，如果懒惰懈怠，怎么能避免刑罚呢？我盼望你每天都提醒我：'不要废弛先祖的事业啊。'不料你却说：'为什么不享清福呢？'你以这种态度去做官，我怕祖先的祭祀要断绝啊。"

bào zhào piān hàn　　　chén lín shū xí
鲍照篇翰，陈琳书檄。

【典故】

鲍照篇翰：篇翰，即篇章，一般被用于指诗文。鲍照在《拟古》诗中写道："十五讽《诗》、《书》，篇翰靡不通。"讽，是吟诵的意思。《宋书·刘义庆传附鲍照传》记载鲍照的诗文辞藻丰富、风格秀逸。

陈琳书檄：《典略》记载：陈琳曾经奉命写讨伐曹操的檄文，历数曹操的罪状，草稿写完以后派人给曹操送去。曹操当时正在犯头痛病，躺着读陈琳的作品，读着读着头就不疼了，忽然坐了起来，说："你的文章治好了我的病。"

hào hào wàn gǔ　　bù kě bèi zhēn

浩浩万古，不可备甄。

【翻译】

浩浩万古，不可备甄：古往今来的历史太过于浩瀚，没法一一都列举出来。

shān fán zhí huá　　ěr cáo miǎn zhān

芟繁摭华，尔曹勉旃。

【翻译】

芟繁摭华，尔曹勉旃：芟繁，指删去繁杂的内容。摭，指摘取。尔曹，是指你们这些人。勉旃，意为努力，旃，文言助词，通"之"或"之焉"。全句的大意为：删去繁芜的内容，摘取最精华的部分，请你们好好读一读吧。

图书在版编目(CIP)数据

蒙求/乔天一译注．—北京:中华书局，2014.8(2022.1重印)
(中华蒙学经典)
ISBN 978 - 7 - 101 - 10019 - 8

Ⅰ.蒙…　Ⅱ.乔…　Ⅲ.古汉语－启蒙读物　Ⅳ.H194.1

中国版本图书馆 CIP 数据核字(2014)第 034480 号

书　　名　蒙　求
译 注 者　乔天一
丛 书 名　中华蒙学经典
责任编辑　罗明钢
出版发行　中华书局
　　　　　(北京市丰台区太平桥西里 38 号　100073)
　　　　　http://www.zhbc.com.cn
　　　　　E-mail:zhbc@ zhbc.com.cn
印　　刷　北京市白帆印务有限公司
版　　次　2014 年 8 月北京第 1 版
　　　　　2022 年 1 月北京第 3 次印刷
规　　格　开本/700×1000 毫米　1/16
　　　　　印张 12½　插页 2　字数 100 千字
印　　数　9001 - 12000 册
国际书号　ISBN 978 - 7 - 101 - 10019 - 8
定　　价　25.00 元